Who Am I

나는 누구인가

쉽게 읽는 한글판 자랑스런 나의 뿌리

자랑스런 전씨 이야기

全氏

上

이 작품은 전체 형태(形態)에서는 한자 전(全)자를 상징적으로 조형하였고, 위의 둥근 원형은 전씨의 종장(宗章)으로써 둥근 모양은 종족간(宗族間)의 협동단합(協同團合)을 상징하고 원내의 4각 선은 4개의 人자형과 4각선 내에는 4면으로 왕(王)자를 연합하여 4개의 全자를 이루며 또한 4각선 내에 4면으로 자(子)가됨으로서 자손(子孫)이 번성(繁盛)한다는 뜻을 담고 있다.

(대전뿌리공원 전씨 조형물, 全 壽 千 작품)

전씨 선조유적(全氏 先祖遺蹟)

전씨 시조(全氏始祖) 환성군(歡城君) 전섭(全攝)의 단소. 양력 10월 3일 개천절에 시향을 올린다. (서울특별시 동대문구 이문동 산 15-1)

시조 환성군 전섭의 단비(좌)와 고려의 개국공신이신 충렬공 전의갑과 충달공 전락의 단비를 모신 비각. (환성군 단소 아래)

환성군(歡城君) 단비각과 전씨승조애종송덕기념비 전경.
(환성군 단소 아래)

숭인재(崇仁齋). 환성군(歡城君)을 모신 재실. (서울특별시 동대문구 이문동)

충훈사(忠勳祠). 전씨 시조(全氏始祖) 환성군(歡城君) 전섭(全攝)의 단역 전경. 충남문화재자료 제297호. (충남 천안시 동남구 풍세면 삼태리 219)

전씨 시조(全氏始祖) 환성군(歡城君) 신도비. (충훈사 경내)

정선전씨(旌善全氏)

정선군(旌善君) 전선(全公)의 묘소. (강원도 정선군 남면 낙동리 남창동)

한천서원(寒泉書院). 고려 개국공신 태사 충렬공 전이갑과 충강공 전의갑 형제를 배향하는 서원. (대구광역시 달성군 가창면 행정리 870번지)

천안전씨(天安全氏)

천안군(天安君) 전낙(全樂)의 단소. (광주광역시 북구 장등동 산10-1)

전봉준(全琫準) 장군 동상. (전북 정읍시 덕천면 하학리 황토현 전적지)

옥천전씨(沃川全氏)

목담서원(鶩譚書院). 관성군(管城君) 전유(전侑), 전팽령(全彭齡)과 전식(全湜)을 배향하는 서원. (충북 옥천군 동이면 금암리)

|머리말|

《 자랑스런 전(全)씨 이야기 》

우리 한민족(韓民族)은 세계 어느 나라 어느 민족(民族)과도 비교되는 남다름을 담고 있는 민족이니, 그것은 유구한 역사와 시간 속에서도 한결같이 이어져온 하나의 혈맥(血脈)에서 나오는 자기 정체성과 일체감이 아닐까 합니다.

우리들이 더욱 화목(和睦)하고 단합(團合)하여 국가(國家)와 민족(民族)에 봉사하는 것이야말로 우리들이 이 《자랑스런 전씨 이야기》를 발간하는 참뜻이라 할 것입니다.

그런 의미에서 본 서책은 자랑스런 전씨 에 관해 체계적으로 정리 한 것으로 족인의식(族人意識)을 자각하고 일족(一族)의 친목(親睦)을 도모하며 조상(祖上)의 뛰어난 행적을 널리 알리고자 하는 목적으로 시대적 요구에 부응하는 가장 적합한 서책이라 할 것입니다.

조상의 행적의 공(功)과 덕(德)이 많음에도 알지 못하면 부지(不知)의 소치이며, 그 공덕(功德)을 알면서도 전(傳)하지 아니하면 불인(不仁)의 소치라 하였습니다.

급변하는 세상을 하루하루 바쁘게 살아오는 동안 오늘날 우리는 너나 할 것 없이 부지불인(不知不仁)을 면하지 못하고 있음을 생각하며 늘 안타까운 마음을 갖고 있던 차에 이렇게 우리의 역사를 성씨별로 읽기 쉽게 정리한 보첩이 발간되어 세상에 나오니 반가운 마음을 금할 수 없습니다.

특히 요즈음 자라나는 새 세대들은 세계사(世界史)나 외국

머리말

위인(偉人)에 대해서는 잘 알면서도 자기(自己)의 가계(家系)나 조상(祖上)들이 이루어 놓은 유사(遺事)에 관하여는 소홀히 하는 경향이 있는데, 이러한 시대적 상황에 처하여 온고지신(溫故知新)의 윤리도덕(倫理道德)으로 새로운 미풍양속(美風良俗)을 승화 발전시켜야 할 책무(責務)가 우리 세대에 요청받고 있으니, 다음 젊은 세대(世代)에게 올바른 윤리도덕(倫理道德)과 씨족(氏族)의 중요성을 일깨워야할 소명(召命)이며 의무(義務)가 아닐 수 없겠습니다.

지금까지의 대부분의 문중 사료와 보첩들은 우리 후손들에게는 너무 어려워서 가까이 하지 못한 점이 늘 안타까웠기에 본 《자랑스런 전씨 이야기》는 남녀노소 모두에게 이해하기 수월하게 구성하여 묶어 내었습니다.

이로써 생활 속에서 보다 가깝고 친근하게 조상(祖上)과 뿌리를 알게 하고 기본적인 예절을 알게 되는 계기가 될 것이라 기대합니다.

그동안 이 보첩의 발간을 위하여 지원하고 노력하여주신 여러 분들에게 진심으로 감사를 드리며, 우리민족의 위대한 발전과 도약을 기원합니다.

2014. 9. 25.
성씨이야기편찬실

|차 례|

천안전씨(天安全氏)

팔거전씨(八莒全氏)

성산전씨(星山全氏)

황간전씨(黃澗全氏)

계림전씨(鷄林全氏)

옥천전씨(沃川全氏)

|일러두기|

1. 이 책은 전통적인 족보(族譜)와 보첩(譜帖)의 체제에서 벗어나 선조(先祖)들의 구체적인 행적(行蹟)에 대해 일반인들과 젊은 세대(世代)가 쉽게 보고 이해할 수 있도록 하는 것에 주된 방향을 맞추어 편찬하였습니다. 때문에 어려운 한문체(漢文體)의 내용이나 중복되는 내용이 많은 것은 배제하였습니다.

2. 본 보첩(譜諜) 편찬의 근본정신은 오랜 역사를 거쳐 오면서 유실된 사료(史料)와 각 씨족별로 나타나는 복잡하고 많은 이설(異說) 등의 다양한 견해(見解)를 모두 반영하기 보다는 자라나는 어린 후손들에게 보다 쉽고 친근하게 선조의 씨족사를 이야기하고 선조의 발자취를 보여줌으로써 자긍심을 키우고 미래를 밝혀줄 바른 정신을 전하고자 하는데 있음을 밝혀둡니다.

3. 본 서(書)는 각 성씨별, 관향별 종친회(宗親會)와 그 외 각 지파(支派)에서 발간해온 보첩과 자료를 주로 참고하였으며, 일반 서적과 사전류에 수록된 내용들도 발췌 정리하여 엮음으로써 가능한 한 많은 내용을 담도록 노력하였습니다.

4. 수록된 관향의 순서는 가나다순(順)으로 하였으나 편집의 편의상 선후가 바뀔 수도 있음에 양해를 구하며, 인물의 경우 계대를 따르는 것을 원칙으로 하였으나 여의치 않을 경우 대략적인 활동 연대순을 따랐습니다.

5. 각 본관별(本貫別) 내용 구성은 먼저 주요 선조의 유적 유물 사진을 수록하고, 연원(淵源)과 씨족사(氏族史), 세계(世系)과 행렬(行列) 등을 한눈에 이해하기 쉽게 정리하고, 그리고 역대 주요 명현(名賢)의 생애와 업적을 이해하기 쉬운 약전(略傳) 형식으로 수록하였습니다.

6. 수록한 내용과 인물들은 삼국유사 《三國遺事》 ,삼국사기 《三國史記》 ,고려사 《高麗史》 ,조선왕조실록 《朝鮮王朝實錄》 ,고려공신전 《高麗功臣傳》 ,국조방목 《國朝榜目》 등의 일반 사료(史料)의 기록을 기반으로 하여 각 성씨별 문중(門中)에서 발행한의 보첩에 나타나 있는 명현(名賢)을 망라하였으나 자료의 미비로 부득이 누락된 분들은 다음 기회에 보완 개정하고자 합니다.

전씨 연원 全氏淵源

전씨의 유래(全氏의 由來)

시조 환성군(始祖 歡城君)

전씨(全氏)는 백제의 개국공신인 환성군(歡城君) 전섭(全聶)을 시조로 하는 성씨로, 고구려 동명왕 주몽의 아들인 백제(百濟)의 온조왕(溫祚王)이 전섭(全聶), 오간(烏干), 마려(馬黎) 등 열 명의 신하와 함께 위례성(慰禮城)에 도읍(都邑)을 정하고 나라 이름을 처음에 '십제(十濟)' 로 하다 후에 백제(百濟)로 바꾸었다. 이 때 건국에 공이 있는 열 명의 신하들을 백제개국십제공신(百濟開國十濟功臣)으로 책훈(策勳)하였는데, 전씨(全氏)의 시조 전섭(全聶)은 환성군(歡城君)에 봉(封)해지니, 단기(檀紀) 2316년(BC 18년)이다.

충남 연기군 전의면 비암사지(碑岩寺址)에서 발굴되어 국보 제106호로 지정된 '계유명전씨아미타불삼존석상(癸酉銘全氏阿彌陀佛三尊石像)' 은 백제가 패망(敗亡)한지 10년 후인 673년에 전씨(全氏)가 중심이 되어 백제 국왕(國王)과 그 신료(臣僚)들의 영혼(靈魂)을 추모하기 위해 비암사를 창건했다는 기록에서 살펴 볼 수 있듯이 전씨(全氏)는 백제의 중심 호족이었다고 보여진다.

이처럼 전씨(全氏)는 시조이신 환성군(歡城君)이 온조왕을 도와 백제를 개국한 이래로 오늘날까지 2,000여 년의 역사를 이어온 거성(巨星)이니, 이후 고려가 개국할 때 충렬공 전이갑(全以甲), 충강공 전의갑(全義甲), 충달공 전락(全樂)이 개국공신으로 큰 공을 세웠으며, 고려가 사직을 당할 때에 불사이군(不事二君)의 절의(節義)를 지킨 채미헌(採薇軒) 전오륜(全五倫), 서은공 전신민(全新民)이 있다. 또한 조선조 단종 때 휴계공 전희철(全希哲) 등이 나라를 위한 충절(忠節)의 가문의 후손으로서의 정신을 이어오니 우리나라의 대표적인 삼한갑족(三韓甲族)이라 이르기에 부족함이 없다

환성군단지(歡城君壇誌)

공(公)의 휘(諱)는 섭(聶)이요 성(姓)은 전씨(全氏)이며 백제(百濟)의 온조왕(溫祚王)을 보좌(補佐)하여 오간(烏干) 마려(馬黎) 등 9인과 더불어 남(南)으로 위례성(慰禮城)에 이르러 국도(國都)를 정하고 홍업(鴻業)을 창건(創建)함에 십제공신(十濟功臣)으로 책훈(策勳)되고 환성군(歡城君)으로 피봉(被封)되었으니 공의 훈덕(勳德)이 반드시 가히 기술(記述)할만한 것이 많겠으나 연대(年代)가 묘원(杳遠)하여 부인(夫人)의 성씨와 아울러 묘지(墓地)도 부전(不傳)이라. 그 후 환성(歡城) 1943년 을축(乙丑 : 1925)에 서울 동문(東門) 밖 이문리(里門里) 건좌원

(乾坐原)에 제단(祭壇)을 설(設)하고 해마다 한번씩 제향(祭享)을 드린다. 자(子)에 휘(諱) 호익(虎翼)은 병상(兵相)을 지내시었고 손(孫)에 휘 반(槃)은 한(漢)나라에 들어가 대장군(大將軍)이 되어 홍농후(弘農侯)로 피봉(被封)하였고 인하여 세습하여 7세손인 휘 선(愃)은 신라(新羅)로 돌아오셔서 정선군(旌善君)으로 피봉(被封)되시었다. 자손이 번연하여 다 기록하지 못하고 대략 크게 현달하신 분을 들면 15세손 휘(諱) 이갑(以甲)은 정선군(旌善君)이고 의갑(義甲)은 죽산군(竹山君)이다. 25세의 휘 원태(元台)는 팔거군(八莒君)이오 26세의 휘 흥(興)은 성산군(星山君)이고 휘 익(翼)은 황간군(黃澗君)이요, 27세 휘 공식(公植)은 계림군(鷄林君)이오 휘 유(侑)는 관성군(管城君)이고 휘 영령(永齡)은 옥산군(玉山君)이며 28세 휘 한(僩)은 죽산군(竹山君)이고 휘 순(順)은 성산백(星山伯)이오 29세 휘 철리(撤里)는 함창군(咸昌君)이며 휘(諱) 빈(賓)은 평강백(平康伯)이고 30세 휘 영(泳)은 기장백(機張伯)이오 휘 집(潗)은 완산군(完山君)이고 휘 경(卿)은 나성군(羅城君)이며 휘 언(彦)은 감천군(甘泉君)이오 33세 휘 원발(元發)은 축산군(竺山君)이니 봉지(封地)에 따라 분관된 분이 17에 이른다.

오호(嗚呼)라! 공(公)은 백제(百濟)의 시조(始祖)를 좌우(左右)에서 보필(輔弼)하며 왕업(王業)을 찬성(贊成)하여 처음 부아악(負兒嶽)에 오른 후 14년에 도읍(都邑)을 한남성(漢南城)에 옮겼으니 영령(英靈)이 한수(漢水)의 양지(陽地) 언덕에 척강(陟降)하심을 고요히 생각해보니 이제 이곳에 설단(設壇)하

게 된 것이 어찌 우연이라 하겠는가. 이제 이 뜻을 돌에 새겨 단(壇)에 드리노라.

후손(後孫) 종약대표(宗約代表) 정삼품(正三品)
육군참령(陸軍參領) 면조(冕朝) 근식(謹識)
후손(後孫) 진환(眞煥) 근서(謹書)
감조(監造) 후손(後孫) 비서랑(秘書郞) 병기(炳基), 참봉(參奉)
기응(基應), 참봉(參奉) 도석(道錫), 세병(世炳), 기석(基錫),
유종(有鍾), 봉호(鳳鎬), 진옥(珍玉)

환성군전공휘섭제단비명(歡城君全公諱聶祭壇碑銘)

아! 전씨(全氏)는 동방(東方)의 대성(大姓)이요, 정선(旌善)의 세가(世家)이다. 상조(上祖)는 환성군(歡城君) 휘(諱) 섭(聶)이니 백제조(百濟朝) 십제공신(十濟功臣)의 한분으로 그 사적(事蹟)과 훈업(勳業)의 성대함은 세대(世代)가 멀어서 자세하지 않으나 자손이 번성하여 널리 국중(國中)에 가득하니 그 적루(積累)한 공(功)을 가히 징험(徵驗)할 수 있다. 어느 날 단천(端川) 전군시봉(全君時鳳)이 그 족숙(族叔) 치암(耻菴) 덕무(悳懋)가 지은 가장(家狀)을 가지고 멀리 와서 말하기를 「선조(先祖)의 유택(幽宅)을 세대(世代)가 멀어서 실전(失傳)하였으므로 봉사(奉祀)할 수 없는 지가 오래 되었다하고 관북(關北)의 파(派)인 단천(端川)의 일가(一家)들이 또한 번창하였으나 참으로 보본(報本)함이 이지러져서 항상 시달(豺獺)을 말 한지 오래더니 제종(諸宗)이 협의하여 망묘위단(望墓爲壇)하는 고예(古禮)에 의거하여 설단(設壇)하고 해마다 향사(享祀)하려고 비(碑)를 세워 그 일을 돌에다 새기려하니 원컨대 몇 줄 제단비문(祭壇碑文)을 부탁한다.」 하거늘 아! 나의 견문(見聞)이 좁으니 어찌 감히 이 예(禮)를 감당하리오. 하고 굳이 사양하였으나 불획(不獲)하였다. 희(噫)라! 이는 진실로 먼 예(禮)다. 대(代)가 멀어서 선묘(先墓)를 실수(失守)함은 사세부득(事勢不得)함이고 실묘(失墓)하면 단(壇)을 하는 것은 또한 고예(古禮)에도 있으니 시 무엇이 구애(拘碍)되리오. 시봉(時鳳)은 나와 종유(從遊)한지가 수년에 그 주사(做事)의 능함과 추원(追遠)의 정성을 느껴서 마침 굳이 사양할 수 없음으로 관수(盥手)하여 찬술(纂述)하고 이어서 명왈(銘曰),

오호(嗚呼)라 환성군(歡城君) 전공(全公)은
백제조(百濟祖)에 원훈(元勳) 석덕(碩德)이요,
자손은 수없이 많아 수천 년에 뻗혔었다.
세대(世代)가 태원(太遠)하여 그 묘(墓)를 잃고
문헌사적(文獻事蹟) 배위(配位)의 증거(證據)가 없으며,
향사(享祀)도 무급(無及)함이 세월 또한 누백(累百)이요,
중엽(中葉)에 이르러서 북(北)으로 분파(分派)함에
시달(豺獺)의 보본(報本)에 능히 마음 아픔이 없겠는가.
자손(子孫)의 신체(身體)가 조상(祖上)의 기영(氣朕)일세.
신취기존(身聚氣存) 하올 적에 하필이면 둔석(窀穸)이라.

추상춘우(秋霜春雨) 할 때마다 슬픔에 잠겼더니,
거조위단(去祧爲壇)하는 예(禮)는 예부터 내려오니,
예의(禮儀)가 같을진대 설단행례(設壇行禮) 어떠하리.
임이 제(除)하고 임이 축(築)하니 심히 엄(嚴)하게 익익(翼翼)하다.
바라보고 숙연(肅然)하니 체백(體魄)에 나아가는 것 같더라.
자손이 다 모여서 존요(존澆)하니
영령(英靈)이 단상(壇上)에 척강(陟降)하고,
자손이 단(壇) 옆에 준분(駿奔)하네.
양양(洋洋)히 계시난 듯하니 거룩하시고 슬프다.
근본(根本)을 생각하는 것이 감히 혹 그르칠까.
풍비(豊碑)가 높아서 하늘에 다았더라.

용집기미중양절서원(龍集己未重陽節西原) 한서교(韓序敎)
근찬(謹撰)
완산(完山) 이진수(李進洙) 근서(謹書)

전씨 18분관(전씨 十八分貫)

전씨(全氏)는 37명의 군(君), 1명의 공(公), 3명의 백(伯)을 봉군(封君)받았고, 각각의 봉읍(封邑)을 관향(貫鄕)으로 삼은 18개 파(派)로 나뉘었으니, 즉 정선(旌善), 천안(天安), 팔거(八莒 : 지금의 칠곡), 성산군(星山君), 황간(黃澗), 계림(鷄林 : 지금의 경주), 옥천(沃川), 옥산(玉山 : 지금의 경산), 용궁(龍宮), 죽산(竹山) 성산백(星山伯), 함창(咸昌), 평강(平康), 기장(機張), 완산(完山 : 지금의 전주), 나성(羅城 : 지금의 나주), 감천(甘泉), 부여(夫餘) 등이다. 이렇게 18개로 분관(分貫)되어 오늘에 이르고 있다.

관향명(貫鄕名)	분관조(分貫祖)	약전(略傳)
도시조(都始祖)	전섭(全聶)	백제시조 온조왕조에 십제공신으로 환성군에 피봉되다.
정선관(旌善貫)	전섭(全聶)	신라 성덕왕조에 정선군에 피봉되어 정선을 관향으로 정함.
천안관(天安貫)	전락(全樂)	고려 태조조에 천안군에 피봉되어 천안으로 관향을 정함.
팔거관(八莒貫)	전원태(全元台)	고려 충렬왕조에 팔거군에 피봉되어 팔거(칠곡)를 관향으로 정함.
성산관(星山貫)	전흥(全興)	고려 고종조에 성산군에 피봉되어 성산을 관향으로 정함.
황간관(黃澗貫)	전익(全翼)	고려 고종조에 황간군에 피봉되어 황간으로 관향으로 정함.
계림관(鷄林貫)	전공식(全公植)	고려 고종조에 계림군에 피봉되어 계림을 관향로 정함.
옥천관(沃川貫)	전유(全侑)	고려 충숙왕조에 관성군에 피봉되어 관성(管城:옥천)을 관향으로 정함.
옥산관(玉山貫)	전영령(全永齡)	고려 신종조에 옥산군에 피봉되어 옥산을 관향으로 정함.
용궁관(龍宮貫)	전방숙(全邦淑)	고려 충렬왕조에 용성부원군에 피봉되어 용성(龍城)을 관향으로 정함.
죽산관(竹山貫)	전한(全僩)	고려 고종조에 죽산군에 피봉되어 죽산을 관향으로 정함.
성주관(星州貫)	전순(全順)	고려 공양왕조에 성산백에 피봉되어 성산을 관향으로 정함.
함창관(咸昌貫)	전살리(全撒里)	고려 충렬왕조에 함창군에 피봉되어 함창을 관향으로 정함.
평강관(平康貫)	전빈(全賓)	조선 태조조에 평강백에 피봉되어 평강을 관향으로 정함.
기장관(機張貫)	전영(全泳)	고려 공민왕조에 기장백에 피봉되어 기장을 관향으로 정함.
완산관(完山貫)	전집(全潗)	고려 공민왕조에 완산군에 피봉되어 완산을 관향으로 정함.
나성관(羅城貫)	전경(全卿)	고려 충렬왕조에 라성군에 피봉되어 라성을 관향으로 정함.
감천관(甘泉貫)	전언(全彦)	고려 충숙왕조에 감천군에 피봉되어 감천을 관향으로 정함.
부여관(夫餘貫)	전권(全綣)	조선 세조조에 부여공으로 자시(自是)함으로 부여를 관향으로 정함.

전씨 상계 주요 인물(全氏 上系 主要人物)

삼국 및 신라시대 인물(三國 및 新羅時代 人物)

전호익(全虎翼)

28년~78년. 백제의 은율(恩率)을 역임하였다.

전 반(全 槃)

한나라 표기대장군을 역임하고 관서홍농후(關西弘農候)에 봉(封)해졌다.

전순성(全舜成)

한나라 태자(太子) 태부(太傅)를 지냈다.

전 선(全 愃)

702년~737년. 신라 성덕왕조에 당나라 사신(使臣)으로 갔다가 귀국시 공주(公主) 2녀를 배동하였다. 그 후 그 업적으로 정선군(旌善君)에 봉해져 그 후손들은 정선을 관향으로 사용하여 득관조로 모시고 세계를 계승하고 있다.

정선군전공휘선신도비명(旌善君全公諱愃神道碑銘)

공의 휘는 선(愃)이요, 성(姓)은 전씨(全氏)이며 시조(始祖)의 휘 섭(聶)이니 온조왕(溫祚王)을 도와 십제공신(十濟功臣)으로 환성군(歡城君)에 봉(封)해졌다. 환성군이 휘 호익(虎翼)을 생(生)하니 병상(兵相)이요, 병상이 휘 반(槃)을 생(生)하니 한(漢)나라에 들어가 표기대장군(驃騎大將軍)이 되어 관서홍농후(關西弘農侯)에 봉(封)했고 대장군(大將軍)이 휘 순성(舜成)을 생(生)하니 태부(太傅)가 되고 태부가 휘 여균(汝均)을 생(生)하고 여균이 휘 운교(雲喬)를 생(生)하고 운교가 휘 원근(元根)을 생(生)하니 삼세(三世)가 다 상서(尙書)에 올랐다. 원근(元根)이 나씨상서(羅氏尙書) 홍우(弘佑)의 여(女)에 장가드니 공(公)의 고비(考妣)이다.

그 가장(家長)을 살펴본즉 공(公)이 당(唐)나라 홍농(弘農)으로부터 대광공주(大光公主)를 모시고 신라(新羅)에 돌아와 정선군(旌善君)에 봉(封)하고 인해 정선(旌善)으로 관(貫)하다. 두루 당사(唐史)를 고람(考覽)한 즉 당(唐) 공주(公主)가 신라에 하가(下嫁)한 일이 없으니 공(公)이 모시고 돌아온 자(者)는 과연 어떤 공주였던가. 삼국사(三國史)에 이르기를 "신라(新羅) 성덕왕(聖德王) 22년에 당(唐)에 사신(使臣)을 보내어 두 공주(公主) 포정(抱貞)과 정완(貞宛)을 드리니 당제(唐帝)가 말하기를 공주가 다 왕(王)의 고자매(姑姊妹)이니 짐(朕)이 차마 머물게 할 수 없다." 하고 후하게 대접하여 돌려보냈다고 되어있다. 그 연대를 살펴보면 바로 그때이므로 이미 그 때 왕의 고자매(姑姊妹)인즉 그 송헌(松獻)할 때 공주(公主)라고 일컬은 것은 상예(常例)이니 공(公)이 모시고 돌아온 분이 과연 이분들 이었던가. 공주를 모시고 돌아옴은 사신(使臣)의 직책(職責)이다. 그러면 공이 당(唐)에 있을 때 마땅히 작위(爵位)가 있어야만 봉군(封君)되어 이름이 맹부(盟府)에 있을 것인즉 신라에서도 반드시 공열(功烈)을 기록함이 있을 것인데 지금 전(傳)함이 없으니 거듭 애석(哀惜)한 바이다. 배(配)는 군부인(郡夫人) 나성신씨(奈城辛氏) 비의 따님이며 두 아들을 생(生)하니 장남은 방춘(方春)으로 삼사태상경이요, 차남은 방경(方慶)이니 삼중대광(三重大匡) 정원공신(定遠功臣) 정선부원군(旌善府院君)이요, 방춘의 자(子) 경지(敬智)는 통직랑(通直郎)이요, 경지의 자(子) 이민(而敏)은 이손(伊飡)이오, 이민의 자(子) 환(瑍)은 예부시랑(禮部侍郎)에 시문간(謚文簡)이요, 환의 자(子) 억균(億均)은 사정원윤(司正元尹)이요, 억균의 자(子) 천기(天奇)는 병부낭중(兵部郎中) 서서원박사(瑞書院博士)요, 천기 이남(二男)에 우상(禹相)은 봉익대부 광문학사(廣文學士)요, 종도(宗道)는 승상(丞相)이다. 우상 이남(二男)에 이갑(以甲)은 시충열(謚忠烈)이며 고려개국공신 정선군(旌善君)이요, 의갑(義甲)은 시충강(謚忠康)이며 죽산군(竹山君)이다. 이하는 다 기록하지 않는다.

이로부터 대대로 경상(卿相)이 이어지고 번성하여 드디어 동방(東方)에 대성(大姓)이 되었다. 공(公)이 일찍 군(君)을 봉(封)한 고을에 나아가 석문(石文)을 거쳐서 높은 산에 올라가 바라보니 청산(青山)에서 채운(彩雲)이 일어나 성(盛)하게 일산(日傘)과 같거늘 공(公)이 기뻐하여 가로되 「이는 하늘이

나의 수장지(壽藏地)를 주신 것이라.」하고 드디어 묘지(墓地)를 정하고 자손에게 유언(遺言)하여 대대로 석문(石文)안 양지촌(陽地村)에 살라하고 그 산(山)을 이름하여 서운산(瑞雲山)이라 하고 동명(洞名)은 구름이 일어난 곳을 따라 채운(彩雲)이라 하고 지팡이 머물던 봉(峰)을 쇄운(鎖雲)이라 하였으니 대개 즐겨하셨음을 기록함이다.

공이 을미(乙未) 9월 15일에 돌아가시니 정선군(旌善郡) 남면(南面) 서운산(瑞雲山) 간좌원(艮坐原)에 안장(安葬)하였고 군부인(郡夫人)의 묘는 동원(東原)이다. 오호)라 세대가 멀어 문헌(文獻)이 흩어지고 없어졌으니 그 후손의 진술코저 생각함이 어찌 다 함이 있겠는가. 더욱 홍농후(弘農侯) 이하는 중원(中原)에서 벼슬하여 6세에 이르러 비로소 본국(本國)에 돌아왔으니 마땅히 한당(漢唐)의 사기(史記)에 취증(取證)함이 있어야 하겠음으로 참령면조(參領冕朝)가 동족(同族) 제현(諸賢)과 더불어 유문(遺文)을 탐색(探索)하여 존심치력(尊心致力)한지 이미 십여 년이나 되었다.

균전사(均田使) 승훈(乘薰)이 도덕대가(道德大家)로서 해외에 나갈 뜻을 품고 멀리 북경(北京)에 교거(僑居)하며 학관(學館)을 개설(開設)하니 중국인사(中國人士)들이 즐겨 사귀었다. 이때 면조(冕朝)가 편지(片紙)로서 승훈씨에게 요구해서 당시 덕(德)이 크고 학문이 넓은 사람에게 소개하여 서운재기문(瑞雲齋記文)을 짓게 하니 전(前) 청(淸)나라 양강총독(兩江總督) 장인준(張人駿)이 찬(撰)하고 한림수찬관(翰林修撰官) 유춘림(劉

春霖)이 썼으며 전씨(全氏)의 총보서문(總譜序文)은 포정사국사관장인 왕수남(王樹枏)이 지으니 또한 고사(古史)를 많이 고열(考閱)한 사람이다. 삼공(三公)은 다 중국의 유명한 선비인데 왕공(王公)은 예원(藝苑)에 맹주(盟主)된 사람이니 전씨(全氏)에게 빛남이 실로 많으니 공(公)의 실사(實事)를 밝혀진 자료가 되었다고 하겠다. 기장(其狀)으로서 나에게 명(銘)을 청(請)하거늘 그의 추모(追慕)하는 정성을 아름답게 여겨서 명(銘)해 가로되,

백제(百濟)로부터 한(漢)나라에 벼슬하니 봉후(封侯)의 영광(榮光)이다.

육세를 지나서 공(公)이 그 정상(禎祥)을 입었다.

귀(貴) 공주(公主)를 받들고 동(東)으로 와서 정선군(旌善君)으로 피봉(被封)되었으니

그 빛이 환성(歡城)에 빛이더라.

복(福)을 후손(後孫)에게 끼쳤으니 공경(公卿) 벼슬이 배출(排出)되었다.

문헌(文獻)이 비록 결(缺)했다 해도 기(杞)와 송(宋)이 족히 증명(證明)하더라.

신라(新羅)와 고려(高麗)에 연(連)해서 대대로 계승(繼承)치 않음이 없고

지금에 이르도록 아름다운 것은 은덕(恩德)을 입은 것이다.

봉묘(封墓)가 높으니 해마다 제사(祭祀)를 드리더라.

서운산(瑞雲山)이 높음이여 이지러지지도 않고 무너지지도 않는다.

내가 돌에 명(銘)함은 오직 덕(德)을 칭송함이다.

을축(乙丑) 동지절(冬至節) 의왕(義王) 이강(李堈) 찬(撰)

전방춘(全方春)

통일신라시대에 당에 입국하여 삼사(三司) 태상경(太常卿)을 역임하였다.

전방경(全方慶)

추증정란정원공신 삼중대광 첨전리사사 정선부원군에 봉(封)해졌다.

전이민(全而敏)

신라(新羅) 대아찬(大阿湌)을 역임하였다.

전천기(全天奇)

신라(新羅) 병부시랑(兵部侍郎)을 역임하였다.

전우상(全禹相)

897년~912년. 광문박사 판전교시사(判典敎寺使)를 역임하였다.

전종도(全宗道)

문과에 등과(登科)하여 승상(丞相)을 역임하였다.

고려시대 인물(高麗時代 人物)

전이갑(全以甲)

918년~943년. 자는 자경(子經), 장호(賜號)는 도원(挑源)으로 정선사람이다. 정선전씨 중시조 정선군(中始祖 旌善郡) 전선(全宣)의 7세손 전우상(全禹相)의 아들로 태어났다.

그가 태어날 때 어머니 꿈에 푸른 옷을 입은 세 노인이 한 아이를 안고와 주면서 "이 아이는 장차 명예와 공(功)이 한 나라에 충만하리니 잘 보호하여 키우라."는 이야기를 하고 사라졌다. 그 후 태기가 있어 그가 출생하였는데, 태어날 때 온 집안에 서기(瑞氣)가 충만하여 사람들이 기이하게 여겼으며, 자라면서부터는 용모가 빼어나고 지용(智勇)이 절륜(絶倫)하며 문사(文詞)에도 통달(通達)하였다. 그의 동생 의갑(義甲) 또한 어머니가 기이한 꿈을 꾸고 낳았으며 훌륭히 자라니 사람들이 두 영웅(英雄)이라고 칭찬하였다.

전이갑이 관직에 올라 기랑(騎郎) 벼슬을 지내던 중 왕건(王建)을 만나니, 왕건이 그 인물됨을 알아보고 크게 기뻐하며 말하기를 "이는 세상의 영웅이라, 삼수(三秀)의 창생(蒼生)들을 크게 구제(救濟)하기를 기대한다." 고 하였다. 그 후 왕건을 왕으로 모시고 고려(高麗)를 세워 개국공신이 되었으며, 신승겸 등과 함께 고려의 영토 개척에 큰 공을 세웠다. 즉 무오년

(戊午年)에 양주(楊洲)를 정벌하여 평정하고, 경신년(庚申年)에 광청주(廣靑州) 등지를 정벌하여 적을 전멸하고, 병인년에 견훤을 상주(尙州)에서 몰아내고 그 땅을 개척하였으며, 정묘년(丁卯年)에 또 견훤을 나주에서 대파(大破)하여 진(陳)을 설치하고 돌아오니, 그때에 태조 왕건(太祖 王建)의 이름이 크게 떨치어 조정과 백성이 모두 그를 따르게 되었다. 태조(太祖) 3년에 견훤이 신라를 침공하자 신라의 사신(使臣) 김율(金律)이 와서 도와줄 것을 간청하여 태조가 신숭겸(申崇謙)에 명(命)하여 정기장군(精騎將軍)을 삼아 가서 구원(救媛)케 하니 견훤이 그 소문을 듣고 싸우지도 않고 퇴각(退却)하였다. 이때 그가 신숭겸에게 이르기를 견훤이 강폭(强暴)해서 항상 변방의 우환꺼리가 되니 이 기회에 그를 전멸시킴이 좋겠다 하고 그를 끝까지 쫓아 추격하니 군사는 거의 전멸하고 견훤만 겨우 목숨을 건져 도망쳤다. 925년(태조 8)에 전이갑은 태사(太師)에 추대되었으며, 태조 10년에 다시 견훤과 달성(達成) 팔공산 오동나무 숲에서 격전하다가 드디어 패하여 궁지에 몰렸다. 견훤이 포위하고 맹공을 가하므로 사태가 위급한지라 태조와 옷을 바꾸어 입어 왕을 탈출시키고 그는 동생 전의갑, 사촌동생 전락(全樂)과 더불어 끝까지 싸우다 전사하였다. 태조가 크게 슬퍼하며 그에게 정선군(旌善郡)의 봉호(封號)와 충렬(忠烈)이라는 시호(諡號)를 내리고, 그의 동생 전의갑에게는 죽산군(竹山君) 봉호와 시호 충강(忠康)을, 사촌동생 전락에게는 천안군(天安君) 봉호와 시호 충달(忠達)을 내리고 후손에게는 조세와 각종 부역(賦役)을 면제해 주었다.

이 삼충공(三忠公)의 충행을 기리기 위하여 후손들이 1933년 삼충사(三忠祠)를 지었다.

충열공 · 충강공행적(忠烈公 · 忠康公行蹟)

공(公)의 성(姓)은 전씨(全氏)요 휘(諱)는 이갑(以甲)이요, 자(字)는 자경(子經)이요 호(號)는 도원(桃源)이라 《증교지지(增校地志)》에 말하기를, "도원(桃源)은 정선(旌善)의 구호(舊號)니 려태조(麗太祖)가 인(因)하여 사호(賜號)하다." 강원도(江原道) 삼척부정선군인(三陟府旌善郡人)이라 시조(始祖)의 휘(諱)는 섭(聶)이니 백제(百濟) 십제공신(十濟功臣)으로 환성군(歡城君)을 봉(封)하였고 자(子)에 호익(虎翼)은 백제 다루왕조(多婁王朝) 병상(兵相)이요, 휘(諱) 선(愃)에 이르러 추부시랑(秋部侍郎)으로 정선군(旌善君)을 봉(封)하였으며 누세(累世)에 휘(諱) 우상(禹相)은 아손(阿飡 : 일본)에는 학사(學士)라 하고 봉익대부광문박사(奉翊大夫廣文博士)라 한다. 효공왕조(孝恭王朝) 판전교시사(判典敎寺使)이니 공(公)의 고(考)이다. 비(妣)는 사자결(四字缺) 릉주구씨(綾州具氏)니 복사(僕射) 굉(宏)의 녀(女)이다. 꿈에 푸른 옷을 입은 삼신인(三神人)이 함께 한 아기를 안아다 주며 말하기를, "공(功)이 삼한(三韓)을 덮고 이름이 일국(一國)에 가득할 것이니 삼가 보호양육(保護養育)하라." 하고 말을 마치자 홀연히 보이지 않았다. 이로부터 태기(胎氣)가 있어 서기(瑞氣)가 집안 가득히 울울(鬱鬱)하더니 얼마 뒤에 과연 한 남아(男兒)를 출산(出産)하였는데 골상(骨相)이 자못 보통 사람과 달라서 제비턱을 당기고 지모(智謀)가 절륜

(絶倫)하고 식감(識鑑)이 정통(精通)하고 또 글을 잘하였다. 제(弟) 휘(諱) 의갑(義甲)이 출생할 때 또한 신인(神人)의 꿈을 꾸었는데 재간(才幹)과 지모(智謀)가 형(兄)과 거의 같았다. 자라나서 고려태조(高麗太祖)를 송악(松嶽)에서 만나니 기이하게 여겨 말하기를 삼계(三季)의 창생(蒼生)이 기다리듯이 널리 구제(救濟)할 것이니 이는 세상에 뛰어난 영웅(英雄)이라 서로 막하(幕下)에서 신하(臣下)되기로 약속하였다.

당(唐) 건륭(乾隆) 3년에 태조(太祖)를 따라 발어참성(勃禦塹城)을 쌓고 광화(光化) 원년(元年)에는 선봉(先鋒)으로 양주(楊洲)를 정벌하였으며 삼년에는 광주(廣州)와 청주(青州) 등에 있는 적(賊)을 쳐서 모두 평정(平定)하였다. 천우(天祐) 3년에는 태조(太祖)의 지휘를 받아 정기장군(精騎將軍) 유금필 등과 함께 상주사화진(尚州沙火鎭)에서 견훤(甄萱)을 쳐서 이기고 양(梁)나라 910년(개평 4)에는 태조를 따라 수군(水軍)을 발(發)하여 나주(羅州) 포구에서 견훤을 쳐서 크게 파(破)하였다. 그때에 태조가 여러 차례 대공(大功)을 세워 들어서는 시중(侍中)이 되고 나가서는 장군이 되어 위엄(威嚴)과 은혜(恩惠)를 아울러 베푸니 조야(朝野)가 모두 진심으로 따랐다. 태조가 화(禍)가 자기에게 미칠 것을 두려워하여 매양 잠자리에 들면 근심하는 기색(氣色)이 있거늘 공(公)이 진언(進言)하기를 "명공(明公)께서 오래도록 중(重)한 자리에 처(處)하면서 의외(意外)에 핍박할 일이 있을까 염려하니 다시 장군으로서 밖에 나가 군민(群民)을 위무(慰撫)하고 병갑(兵甲)을 수련해서 틈을 기다렸다가 자안(自安)하는 계책을 마련하는 것만 같지 않습니다." 하니 태조가 그렇게 여기고 그 나주(羅州)를 진압할 때 남방(南方)에 기근(飢饉)이 들어 초적(草賊)이 봉기(蜂起)하므로 공(公)이 권(勸)하여 양식을 실어다가 마음껏 구휼(하게 하니 백성이 힘입어 생활할 수 있었다. 그 먼저 궁예는 신라 헌강왕(憲康王)의 서자(庶子)로서 모반(謀叛), 북경(北京)에 할거(割據)하여 종국(宗國)을 삼킬 뜻을 품고 혼폭(昏暴)함이 자심(滋甚)하여 처자(妻子)를 살육(殺戮)하고 무고한 백성을 죽이니 하루에 살해함이 수백인에 중심(衆心)이 모두 분리(分離)되거늘 공이 이에 그 제(弟) 의갑(義甲)과 제장(諸將) 홍공유(洪公儒), 배공현경(裵公玄慶), 신공숭겸(申公崇謙), 유공금필(庾公黔弼), 복공지겸(卜公智謙) 등과 밤에 태조의 집에 나아가 왕(王)으로 추재(推載)하기로 밀모(密謀)하였으나 하고자하지 않거늘 영부인유씨(令夫人柳氏)가 알고 말하기를 "원중(園中)에 어찌 가히 딸만한 신고(新菰)가 없겠는가." 하고 유씨(柳氏)가 나가거늘 공(公) 등이 이르기를 "삼한(三韓)이 분열함으로부터 군도(群盜)가 경기(競起)하니 금주(今主)가 분연(奮然)히 크게 부르짖어 초구(草寇)를 죽여 없애고 삼분(三分)된 요동 남쪽에 태반(殆半)을 차지하여 나라를 세워 도읍(都邑)을 정하였으나 이제 잘 마치지 못하고 포학(暴虐)함이 태심(太甚)하여 마침내는 임금을 모반(謀叛)하고 부모를 배척(排斥)하고 형벌을 남용하여 처자(妻子)를 죽이고 신료(臣僚)를 주살(誅殺)함에 백성이 도탄에 빠지도록 하니 걸주(桀紂)의 악(惡)함이 더 보탤 것이 없음이다. 폐혼입명(廢昏立明)은 천하(天下)의 대의(大義)이니 청컨대 공은 은주(殷周)

의 일로 행(行)하소서." 하니 태조가 얼굴빛이 변하면서 말하기를 "내가 충의(忠義)로서 자처(自處)하는데 어찌 감히 이심(二心)을 품겠는가. 나는 실로 부덕(不德)하니 감히 탕무(湯武)의 일을 본받겠는가. 후세에 나로서 구실이 될 것을 두려워하노라." 한데 공(公)들이 말하기를 "시(時)는 만나기 어렵고 잃기 쉽습니다. 하늘이 주는 것을 받지 않으면 도로 그 허물을 받을 것이라. 국중(國中)에 뭇 백성들이 회복(回復)할 것을 생각하고 또 권세와 지위가 중(重)한 자는 반드시 학살을 당해서 대략 남김이 없을 것이니 그 적게 최응(崔凝)이 아니면 공도 또한 위태하였을 것인데 유독 깊이 생각하지 않을 것인가. 지금 덕망(德望)이 공보다 나은 이가 없어 민정(民情)이 공을 바라는 바이다. 만약에 우리 말을 부종(不從)하면 죽는 것은 불일간(不日間)일 것인데 하물며 왕창근(王昌瑾) 경문(鏡文)이 저 같이 징험이 이미 나타났는데 어찌 가히 하늘을 어겨서 독부(獨夫)의 손에 죽으렵니까." 하고 제장(諸將)과 더불어 붙들고 호위(護衛)하여 새벽에 나와 적곡)위에 앉히고 군신(君臣)의 예를 행하고 나서 사람을 시켜 외쳐 말하기를 "왕공(王公)이 이미 거의(擧義)하였다." 하니 이에 궁예(弓裔)가 듣고 놀라 달아나니 태조가 포정전(布政殿)에서 즉위(卽位)하고 천수(天授)라 년호(年號)를 갈고 추재(推載)한 공(功)으로 공(公)의 형제를 수위(首位)로 책봉하여 상서(尙書)와 복사(僕射)로 배(拜)하였다. 천수(天授) 3년 동(冬) 10월에 견훤(甄萱)이 신라를 이겨 대양(大良)과 구사(仇史)의 이성(二城)을 함락하니 나왕(羅王)이 아손(阿湌)

금율(金律)을 보내 고려에 구원(救援)을 요청하거늘 태조가 공(公)과 신숭겸을 장(將)으로 삼고 권설(權說)을 부장(副將)으로 삼아서 구원토록 하니 훤(萱)이 물러섰는데 공(公)이 말하기를 "훤(萱)은 성(性)이 본디 시기(猜忌)하고 음험(陰險)하여 그 부강(富强)함을 믿고 항상 변경을 침범하니 이로부터 그 퇴거(退去)함을 인(因)하여 아조 초멸(剿滅)해 버림만 못하다." 하고 드디어 진군(進軍)하여 훤(萱)을 천령군(天嶺郡)의 마리현까지 추격하여 대파하니 참획함이 많았다. 훤이 겨우 몸만 살아서 위기를 면하였다. 팔년에 후당(後唐) 동광 3년 을유(乙酉) 신라 925년(경애왕 원년) 동 10월 신라 경애왕(景哀王)이 부인 빈(嬪)과 더블어 종친을 거느리고 포석정(鮑石亭)에 나와 치주오락(置酒娛樂)하던 중 갑자기 훤(萱)이 침범함을 듣고 창졸(倉卒)에 어찌할 바를 모르고 왕과 부인은 성남(城南)으로 달아나 숨으니 훤병(萱兵)이 크게 약탈하고 팔처왕궁(八處王宮) 좌우에 명(命)하여 왕을 찾아 군중(軍中)에 데려다가 핍박하여 자진(自盡)케 하였다. 태조가 듣고 사신을 보내 조제(弔祭)토록 하고 공(公)의 사제(私第)를 찾아 일어나게 하여 군사로 삼고 친히 정기(精騎) 오천(五千)을 거느리고 훤을 팔공산 동수(桐藪)에서 맞아 크게 싸워 훤병이 수겹으로 에워싸거늘 불리하여 공이 말하기를 "일이 급하다." 하고 신공(申公)과 의논하여 기신(紀信)이 초(楚)나라를 속이든 술수(術數)로 태조를 청하여 사이길로 내보내고 그 제(弟) 의갑(義甲) 신공숭겸) 등과 더블어 역전(力戰)하다가 동시에 전사(戰死)하니 태조(太祖)가 슬퍼하기를 심히 하여 공을 정선군 개국공신으로 추봉(追封)하고 시(諡)를 충열(忠烈)이라 하고 공의 제(弟) 의갑(義甲)에게는 죽산군을 봉(封)하고 시(諡)를 충강(忠康)이라 하였으니 화상(畵像)을 그려 걸고 사당을 세우고 또 지묘사(智妙寺)를 창건하여 명복을 비는 바탕으로 하였고 음덕이 대대로 미쳐 자손을 녹용(祿用)하니, 아! 공은 명세보필(命世輔弼)하는 재주를 품(稟)하고 시대를 구제(救濟)하고 신무(神武)의 책략을 지녀서 고려를 도와 삼한을 통합하고 후백제와 항전하다가 팔공산에서 전사(戰死)하니 그 정충대절이 진실로 족히 후세에까지 사람으로서는 가장 큰 공을 세웠으니 외훈(嵬勳)과 위적(偉績)을 실로 이 나라 백성들이 잊지 못할 공을 쌓았다. 조선 태종조에 이르러 수훈표충(酬勳表忠)해서 금석(金石)에 실려서 해와 별같이 빛났다. 공의 후손에 분봉이적(分封移籍)한 분이 심히 많으니 정선, 옥천, 성산, 완산, 평강, 옥산, 용궁, 죽산, 계림, 나성, 안동, 기장, 황간, 팔거 등 무릇 여러 파이다.

가정(嘉靖) 서기 1522년~1566년 어간(於間) 년 월

판중추부사(判中樞府事) 정세호(鄭世虎) 근찬(謹撰)

전의갑(全義甲)

형 전이갑과 함께 고려 왕건에 출사하여 고려의 개국과 후삼국을 일통(一統)하는 데 공을 세웠고, 견훤과의 팔공산 전투에서 형과 함께 전사하였다.

후삼국을 통일한 태조 왕건은 전의갑에게 삼한개국통합공신과 첨의정승(僉議政丞) 문하시랑(門下侍郎)을 추증(追贈)하고

죽산군(竹山君)에 봉해졌다. 시호는 충강(忠康)이다.

전보인(全輔仁)

?~1019(현종 10). 고려의 문신으로 문하시중 전이갑(全以甲)의 아들이다.

명경과(明經科)에 급제하였으며, 여러 차례 학관(學官)을 지내어 숙유(宿儒)라 일컬어졌다. 989년(성종 8) 나주목 경학박사(羅州牧經學博士)로 재임할 때 후학을 근실히 가르친 공으로 왕으로부터 공복(公服) 한 벌과 쌀 50석을 상으로 받았다. 1013년(현종 4) 우상시(右常侍)로 있을 때 벼슬을 그만두기를 청하였으나 허락되지 않았다.

1018년 상서좌복야(尙書左僕射)가 되었고, 이듬해 우복야(右僕射)에 임명되었는데 곧 죽었다. 학문이 깊었으나 성품은 경조(輕躁)하다는 평을 듣기도 하였다. 시호(謚號)는 문경(文敬)이다.

전 언(全 彦)

1010년~1031년. 태상시 부사를 역임하였다. 상서이부에서 현종(顯宗)에게 진청하기를 "전(前) 태상시 전언(全彦)은 추복(追服) 모상(母喪)하여 효행으로 세인들로부터 극찬을 받고 있으므로 포상하기를 바란다." 고 하므로 왕이 이를 본 받아 효행(孝行)을 권장(勸奬)하게 하였다.

전함정(全咸正)

1039년~1075년. 전중내급사로 재임 중에 요동(遼東)에 사신(使臣)으로 가서 곤영절을 축하하였으며, 판도판서를 역임하였다. 시호(諡號)는 공의(恭毅)이다.

전석조(全錫祚)

1039년~1075년. 장작감(將作監)을 역임하였다.

전 총(全 寵)

1099년~1101년. 판전의시사를 역임하였다.

전 룡(全 龐)

1099년~1101년. 전교시 소감을 역임하였다.

전지순(全之淳)

국자감 좨주(國子監祭酒)를 역임하였다.

전지신(全之信)

중서성 사인(中書省舍人)을 역임하였다.

전 량(全 諒)

1154년~1178년. 병부낭중(兵部郎中)을 역임하였다.

전 경(全 景)

1153년~?. 도첨의평리사(都僉議評理使)를 역임하였다.

전석록(全錫祿)

양광도(楊廣道) 병마도통사(兵馬都統使)를 역임하였다.

전유적(全猷迪)

대북시 소감(少監)을 역임하였다.

전존걸(全存傑)

1171년~1193년. 고려 후기의 무신이다.

1193년(명종 23) 무신정권에 반대하여 김사미(金沙彌)가 농민들을 모아 경상도 운문(雲門)에서 반란을 일으키고, 이어 효심(孝心)이 초전(草田 : 울산)을 근거지로 반란을 일으켜 사람들을 규합해서 주, 현을 습격 약탈하였다. 왕은 그것을 걱정하여 전존걸을 대장군에 임명하여 장군 이지순(李至純), 이공정(李公靖), 김척후(金陟侯), 김경부(金慶夫), 노식(盧植) 등을 거느리고 반란군을 진압하게 하였다. 그러나 함께 출정한 이지순은 집권무신 이의민(李義旼)의 아들로 일찍이 자기 꿈에 무지개가 양편 겨드랑이에서 일어났으므로 커다란 자부심을 가지고 왕위를 바라보게 되어 명사 등을 등용해서 헛된 명망을 낚았다. 또 자기 출신이 경주라 내심으로 신라를 다시 일으킬 야망을 가지고 김사미, 효심 등과 내통하였다.

이지순은 적에게 재물이 많다는 말을 듣고 그것을 낚으려고 적에게 식량, 의복, 신, 버선 등을 보내고, 적도들은 금, 은, 보화 등 많은 재물을 보내왔다. 이리하여 군 기밀이 누설되어 관군이 여러 번 패전하였다. 본래 전존걸은 지략과 용맹이 이름난 장수였으나 사태가 이 지경에 이르자 분해해서 고하길 "만일 이지순을 군법으로 처단하면 그 부친 이의민이 나를 죽일 것이요, 그러지 않으면 적세가 더욱 강해질 터이니, 장차 그 죄를 누가 질것인가." 개탄하고는 음독자살하였다. 그후 1193년 11월 상장군 최인(崔仁)을 남로착적병마사(南路捉賊兵馬使), 대장군 고용지(高湧之)를 도지병마사(都知兵馬事)로 삼아 강력한 대군을 이끌고 토벌하여 효심 등 남적(南賊)은 타격을 입었다. 그러므로 적괴 득보(得甫)가 항복하고 다음해 김사미도 투항하였다. 이어 남적의 괴수가 이순(李純)을 궁궐에 보내 항복하고 효심도 붙잡혀 반란은 평정되었다.

왕이 전존걸에게 금자광록대부(金紫光祿大夫)를 증(贈)하고 영인군으로 봉(封)하였다.

전일장(全日長)

감문위(監門衛) 상호군(上護軍)을 역임하였다.

전수용(全守龍)

1199년~1204년. 경상도 도순사(慶尚道都巡事)를 역임하였다.

전수송(全守松)

1198년~1204년. 호부상서(戶部尙書)를 역임하였다.

전대부(全大富)

형부시랑(刑部侍郎)을 역임하였다.

전자공(全子公)

1281년~?. 신호위(神號衛) 상호군(上護軍)을 역임하였다.

전원길(全元吉)

1260년~1274년. 중랑장(中郎將)을 거쳐 대호군(大護軍)을 역임하였다.

전 의(全 懿)

1224년~1249년. 아버지는 경상도순문사 전수룡이고, 아들은 전라도도병마사 전공렬이다. 첨의찬성사(僉議贊成事)를 지내고 고려 고종조에 안찰사(按察使)가 되어 도적을 잡아 공을 세웠다. 그러나 중방의 탄핵을 받아 해도에 유배되었다가 해제되고 복권되어 조정에서 밀직사 사(密直司使)를 제수하였다. 도첨의 좌정승(都僉議左政丞)에 추증되었고, 시호는 위열(威烈)이다.

전 여(全 輿)

1224년~1249년. 판전교시사(判典敎寺使)를 역임하였다.

전 기(全 琦)

1270년~?. 문하시랑(門下侍郎) 진현관(進賢館) 제학(提學)을 역임하였다.

전 성(全 瑊)

1270년~?. 안변도호부사(安邊都護府使)를 역임하였다.

전 필(全 弼)

문과에 등과한 후 금교사순위 및 대호군(大護軍)을 역임하였다.

전보문(全普門)

1252년~1366년. 일찍이 공민왕이 왕자로 원나라에 가서 숙위(宿衛)하고 있을 때 호종하였다. 1351년 공민왕이 왕위에 오르자 이듬해 판도판서(判圖判書)로서 1등공신에 오르고 토지와 노비를 받았다. 그뒤 전리판서(典理判書)에 제수되었고, 1354년 동지밀직사사(同知密直司事)를 거쳐 지밀직사사(知密直司事)로 승진하고 나서 곧 원나라에 하정사(賀正使)로 파견되었으며, 귀국 후 판밀직사사(判密直司事)가 되었다. 1356년 삼사우사(三司右使)로 천직되었다가 관제를 구제도로 바꾸었기 때문에 수사공 우복야(守司空右僕射)로 고쳐 제수받았다. 1358년

문하평장사(門下平章事), 1363년 경상도도순문사, 1365년 판삼사사(判三司事)에 올랐다. 이듬해 원나라에 하정사로 갔다가 이곳에서 한림시강학사 지제고 동수국사(翰林侍講學士知制誥同修國史)를 제수받고 귀국하였다. 시호(諡號)는 안경(安敬)이다.

전 식(全 軾)

호부 지부사(戶部知府事)를 역임하였다.

전공렬(全公烈)

1236년~?. 아버지는 관찰사 전의(全懿)이다.

고려시대 삼별초의 의병장으로 공을 세웠다. 제3차 몽고침입 때 몽고병이 남하하여 전주와 고부지경까지 범한 일이 있었는데, 부령별초 의병장인 전공열이 거느린 지방 의용군이 부여 고란사 근처에 잠복했다가 몽고 기병 20인을 추격하여, 그 중 2명을 사살하고 병기와 군마 20여필을 빼앗았다. 후에 금오위 대장군(金吾衛大將軍), 전라도 도병마사(全羅道都兵馬使)를 역임하였다.

전대성(全大成)

병부상서(兵部尙書)를 역임하였다.

전대승(全大升)

중서문하성(中書門下省) 참지정사(參知政事)를 역임하였다.

전대관(全大寬)

사재서 소감(司宰署少監)을 역임하였다.

전사한(全師漢)

병마절도사(兵馬節度使)를 역임하였다.

전우화(全遇和)

1352년~1374년. 경주부윤(慶州府尹), 성균관 대사성(成均館大司成)을 역임하고 유충보절동덕찬화공신으로 책록되었으며, 예문관(藝文館) 대제학(大提學)을 거쳐 문하시중(門下侍中)에 이르렀다.

전숙방(全淑方)

1275년~1308년. 첨의부 헌납(僉議府獻納)을 역임하였다.

전 칙(全 侙)

금오위 낭장(金吾衛郎將)을 역임하였다.

전 길(全 佶)

1231년~?. 부밀직부사(副密直副使)로 재임 중 몽고군 장수 살례탑이 고려를 침범하였을 때 군졸을 인솔하여 접전(接戰)하여 격전 끝에 전공을 세워 그 훈공으로 좌복야(左僕射)를 제수받았다.

전걸현(全傑賢)

부승지(副承旨)를 역임하였다.

전 수(全 修)

선교랑(宣敎郎)으로 통문박사를 역임하였다.

전 분(全 賁)

1352년~1374년. 자는 사원(士元). 호는 두암(杜菴)이다. 첨의(僉議), 참찬(參贊), 보문각 대제학(寶文閣大提學)을 거쳐 춘추관사(春秋館事) 광정좌사 대사성(大司成)을 역임하였다. 시호(諡號)는 평간(平簡)이다.

전 석(全 碩)

문하성(門下省) 중서사인(中書舍人)을 역임하였다.

전광옥(全光玉)

고성군수를 역임하였다.

전길운(全吉雲)

1351년~1374년. 자는 운익(雲益)이다. 문과에 등과하여 밀직사사(密直司使) 한림원학사(翰林院學士)를 역임하였다.

전충좌(全忠佐)

선전관(宣傳官)을 거쳐 위원군수를 역임하였다.

전순기(全順基)

1384년~1394년. 문과에 등과하여 여러 관직을 거쳐 좌복야(左僕射)에 재임 중 고려가 망하고 조선이 건국하자 불사이군(不事二君)의 충절(忠節)을 지켜 경기도 양평군 용문산에 은거(隱居)하여 절신(節臣)으로 운명하였다.

정선전씨 旌善全氏

정선전씨 선조유적(旌善全氏 先祖遺蹟)

서운재(瑞雲齋) 전경. 정선군(旌善君) 전선(全公)을 모시는 재실.
(강원도 정선군 남면 낙동리)

정선군(旌善君) 전선(全公)의 신도비각. (강원도 정선군 남면 낙동리)

한천서원(寒泉書院) 충절사(忠節祠). 고려 개국공신 태사 충렬공(忠烈公) 전이갑(全以甲)과 충강공(忠康公) 전의갑(全義甲) 형제를 모신 사당.
(대구광역시 달성군 가창면 행정리 870번지)

고려개국공신 충렬공순절비(高麗開國功臣忠烈公殉節碑)

칠현사(七賢祠). 고려에 '불사이군'을 절의를 지켜 정선에 은거한 뒤 정선아리랑을 지어부르며 은둔했던 전오륜(全五倫) 등 칠현의 뜻을 기리기 위하여 2002년 세워진 사당. (강원도 정선군 남면 낙동1리 거칠현동)

고려유신 칠현비(高麗儒臣七賢碑).

칠현사(七賢祠).

충근정량 호성공신 석릉군(忠勤貞亮 扈聖功臣 石陵君) 전룡(全龍)의 영정. (경상북도 성주군 금수면 무학리)

정선전씨 연원(旌善全氏)

시조 및 본관의 유래(始祖 및 本貫의 由來)

정선전씨(旌善全氏)는 시조(始祖) 환성군(歡城君) 전섭(全聶)의 8세손인 전선(全愃)에서 세계(世系)를 이어왔으니, 우리나라 전씨(全氏)의 대종(大宗)이다. 전선(全愃)은 신라(新羅) 723년(성덕왕 22)에 당(唐)나라에서 대광공주(大光公主)를 배종(陪從)하여 신라(新羅)에 돌아오는 공을 세워 정선군(旌善君)에 봉(封)해졌는데, 이후 후손들이 정선(旌善)을 본관(本貫)으로 삼아 세계(世系)를 이어왔다.

씨족사 개요(氏族史 槪要)

정선전씨(旌善全氏)를 빛낸 선조를 살펴보면 전선(全愃)의 아들 전방춘(全方春)은 삼사태사경(三司太師卿)에, 전방경(全方慶)은 삼중대광(三重大匡)에 올라 정선부원군(旌善府院君)에 봉(封)해졌고, 현손(玄孫) 전이민(全而敏)이 신라(新羅)의 이손

(而淩), 5세손 전환(全瑍)은 예부시랑(禮部侍郞), 6세손 전천기(全天奇)는 병부랑중(兵部郎中), 7세손 전우상(全禹相)은 판전교시사(判典教寺使)에 각각 오르며 가문의 입지를 다졌다. 이어 8세손 전이갑(全以甲)과 전의갑(全義甲) 형제가 고려(高麗)의 개국에 왕건(王建)을 도와 공(功)을 세우니 통합삼한개국공신(通合三韓開國功臣)에 오르게 된다. 전이갑(전以甲)은 정선군(旌善君)에 봉(封)해지고 충열(忠烈)의 시호(諡號)를 받았으며, 전의갑(全義甲)은 죽산군(竹山君)에 봉(封)해지고 충강(忠康)의 시호(諡號)를 받았다.

그리고 9세손 전보인(全輔仁)은 고려 광종조에 활약하여 이부상서 좌복야(吏部尚書左僕射)에 올랐으며, 10세손 전언(全彦)은 밀직부사(密直副使), 전함정(全咸正)은 판도판서(版圖判書), 12세손 전총(全寵)은 판전의시사(判典儀寺事)에 올랐다. 또한 13세손 전지순(全之淳)은 국자감 좨주(國子監祭酒), 전양(全諒)은 병부 낭중(兵部郎中), 전석록(全錫祿)은 병마 도통사(兵馬都統使)를 지냈으며, 16세손 전존걸(全存傑)은 대장군(大將軍)으로 영인군(寧仁君)에 봉(封)해졌으며, 17세손 전수룡(全守龍)은 경상도 도순사(慶尚道都巡使)를 지냈다. 이어 전수송(全守松)은 호부 상서(戶部尚書), 18세손 전의(全懿)는 문하찬성사(門下贊成事), 전보문(全普門)은 수사공(守司空)을 각각 지냈으며, 19세손 전공열(全公烈)은 금오위 대장군(金吾衛大將軍), 전우화(全遇和)는 문하시랑 평장사(門下侍郎平章事), 20세손 전숙방(全淑方)은 우헌납(右獻納), 전길(全佶)은 좌복야(左僕射), 21세손 전영보(全英甫)는 찬성사(贊成事)로 도원군(桃源

君)에 봉(封)해졌다. 특히 전오륜(五倫)은 형부 상서(刑部尙書)에 이르렀는데, 고려 말의 절신(節臣)으로 이름이 높으니, 포은(圃隱) 정몽주(鄭夢周)와 송산(松山) 조견(趙狷) 등과 교유(交遊)하였고, 고려가 사직을 다하자 벼슬을 버리고 두문동(杜門洞)에 들어가 불사이군(不事二君)의 충절(忠節)을 지켰다. 그 후 정선군(旌善郡)의 서운산(瑞雲山)에 은거(隱居)하여 중국의 백이(伯夷)와 숙제(叔齊)가 수양산(首陽山)에 들어가 고사리를 캐어 먹던 고사(故事)에어 이름을 따 스스로 채미헌(採薇軒)이라 호(號)를 지었다.

22세손 전윤장(允臧)은 중국어에 능통하고 외교수완이 뛰어났는데, 1340년에 사신(使臣)으로 원(元)나라에 가서 원의 황제를 설득하여 충혜왕(忠惠王)을 복위(復位)시키는데 결정적인 역할을 하였다. 이로써 일등공신(一等功臣)에 오르고 벼슬이 동지밀직사사(同知密直司事)를 거쳐 찬성사(贊成事)에 이르렀고, 석릉군(石陵君)에 봉(封)해졌다.

조선조(朝鮮朝)에 들어와서는 34세손 전응조(全應祖)가 정헌대부(正憲大夫) 호조판서(戶曹判書)에 추증(追贈)되고 임하군(臨河君)에 봉(封)해졌고, 35세손 전룡(全龍)이 임진왜란(壬辰倭亂) 당시 호성공신(扈聖功臣)에 책록되고 형조 판서(刑曹判書)에 추증(追贈)되고 석릉군(石陵君)에 봉(封)해졌다.

정선전씨(旌善全氏)의 후손들은 정선을 중심으로 세거(世居)하면서 점차로 이주 확산하였으니, 전윤장(全允臧) 이후로 강릉(江陵), 평창(平昌), 삼척(三陟), 고성(高城), 인제(麟蹄), 철원(撤院), 간성(杆城), 평강(平康), 춘천(春川),

영월(寧越), 양양(襄陽), 원주(原州), 홍천(洪川) 등 강원도(江原道) 지역에 세거하게 되었다. 석릉군(石陵君)의 후손 전룡(全龍) 이후로 양주(楊州), 파주(坡州), 평택(平澤), 진위(振威), 안성(安城), 개풍(開豊), 광주(廣州), 여주(驪州), 횡성(橫城), 용인(龍仁), 장단(長湍), 이천(利川), 수원(水原), 연천(漣川), 시흥(始興) 등 경기(京畿) 지역과 그밖에 성주, 태곡, 영천(永川), 군위(君威), 의흥(義興), 영주(榮州), 안동(安東), 예천(醴泉), 청도(青道), 의성(義城), 제천(提川), 단양(丹陽), 울산(蔚山), 울진(蔚珍), 괴산(槐山), 충주(忠州), 봉화(奉化), 문경(聞慶) 등지로 흩어져 세거하고 있다.

한편 상호군(上護軍) 전영복(全英福)의 후손들은 안변(安邊), 회령(會寧), 화천(華川) 등지에 산거(散居)하고, 복사공(僕射公) 전길(全佶)의 후손은 안주(安州), 정주(定州), 양양(襄陽), 횡성(橫城), 서산(瑞山), 순천(順天) 등지로 이주하여 나갔으나 현재는 서울에 많이 살고 있는 것으로 나타나고 있다. 판서공(判書公) 전수송(全守松)의 후손은 북청(北青)을 세거지(世居地)로 하였으며, 35세손 전응방(全應邦) 이후로 정평(定平), 서천(瑞川), 함흥(咸興), 충주(忠州), 창원(昌原), 진해(鎭海), 삼척(三陟), 의정부(議政府) 등지에 산거(散居)하였다. 채미헌(採薇軒) 전오륜(全五倫)의 후손은 거창(居昌)을 세거지(世居地)로 하여 협천(陜川), 진주(晋州), 영풍(榮豊), 상주(尙州), 청원(清原), 제천(提川), 괴산(槐山), 청풍(清風), 정선(旌善), 영월(寧越), 원주(原州), 강릉(江陵), 삼척(三陟), 장수(長水), 예천(醴泉)

등에 산거(散居)하고 있다.

본관지 연혁(本貫地 沿革)

세종실록지리지(世宗實錄地理志) : 정선군(旌善郡)

본래 고구려의 잉매현(仍買縣)인데, 신라 때에 지금 이름으로 고쳐서 명주(溟州)의 영현(領縣)으로 하였다. 고려 현종(顯宗) 9년 무오에 그대로 임내로 하였다가, 뒤에 군(郡)으로 승격하였으며, 본조에서도 그대로 따랐다. 별호는 삼봉(三鳳) · 주진(朱陳) · 도원(桃源)이라 한다.

진산(鎭山)은 비봉(飛鳳)이요, 대천(大川)은 대음강(大陰江)이다. 【사방 경계는 동쪽으로 삼척(三陟)에 이르기 53리, 서 · 남쪽은 평창(平昌)에 이르는데, 서쪽이 22리, 남쪽이 31리이며, 북쪽으로 우계(羽溪)에 이르기 32리이다.

호수가 2백 3호요, 인구가 4백 59명이다. 군정은 시위군이 19명이요, 선군이 24명이다.토성(土姓)이 3이니, 이(李) · 전(全) · 고(高)요, 사성(賜姓)이 1이니, 문(文)이며, 속성(續姓)이 1이니, 안(安)이다.

땅이 메마르며, 기후가 많이 춥다. 간전(墾田)이 1천 5결이요, 【토의(土宜)는 기장 · 피 · 조 · 팥 · 보리 · 뽕나무 · 삼 · 배 · 밤 · 칠(漆)이다. 토공은 자단향(紫檀香) · 백단향 · 밀[黃蠟] · 꿀 · 북나무충영 · 석이 · 시우쇠 · 지초 · 칠(漆) · 사슴포 ·

노루가죽 · 여우가죽 · 삵괭이가죽 · 수달피 · 돼지털 · 곰의 털이요, 약재는 인삼 · 대왕풀[白芨] · 승검초뿌리[當歸] · 쪽[藍] · 칠(漆) · 궁궁이[芎藭] · 복령(茯苓) · 북나무진[安息香] · 다린송진[白膠香] · 오미자(五味子) · 산양이뿔[羚羊角] · 산무애뱀[白花蛇] · 녹각교(鹿角膠) · 오소리기름[油]이다. 토산(土產)은 금이 군(郡) 동쪽 30리 마주천(馬周川) 및 미천(米川)에서 나고, 석철(石鐵)이 군(郡) 남쪽 50리쯤 되는 능전산골[能箭山洞]에서 나며, 돌고드름[石鍾乳]이 군(郡) 서쪽 15리쯤 되는 모마어리(毛亇於里) 북쪽 산 석굴(石窟)에서 나고,푸른 돌[青石]이 군(郡) 서쪽 20리쯤 되는 벽파산골[碧波山洞]에서 나며, 송이 · 산개(山芥)이다.

역(驛)이 3이니, 호선(好善) · 여량(餘糧) · 벽탄(碧呑)이다. 풍혈(風穴)

〈조선왕조실록, 태백산사고본〉

정선전씨 세계도(旌善全氏 世系圖)

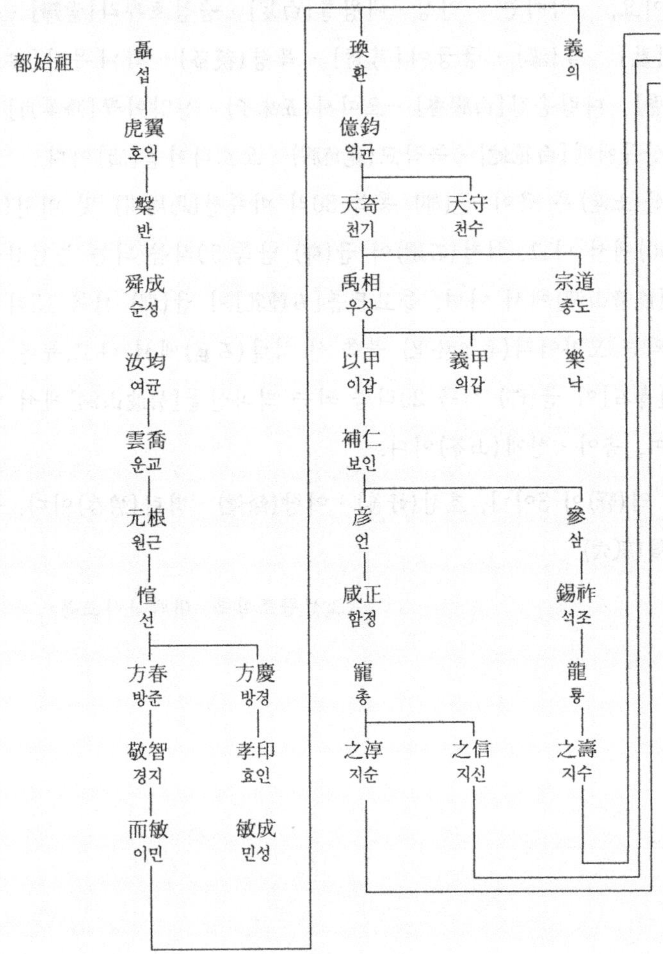

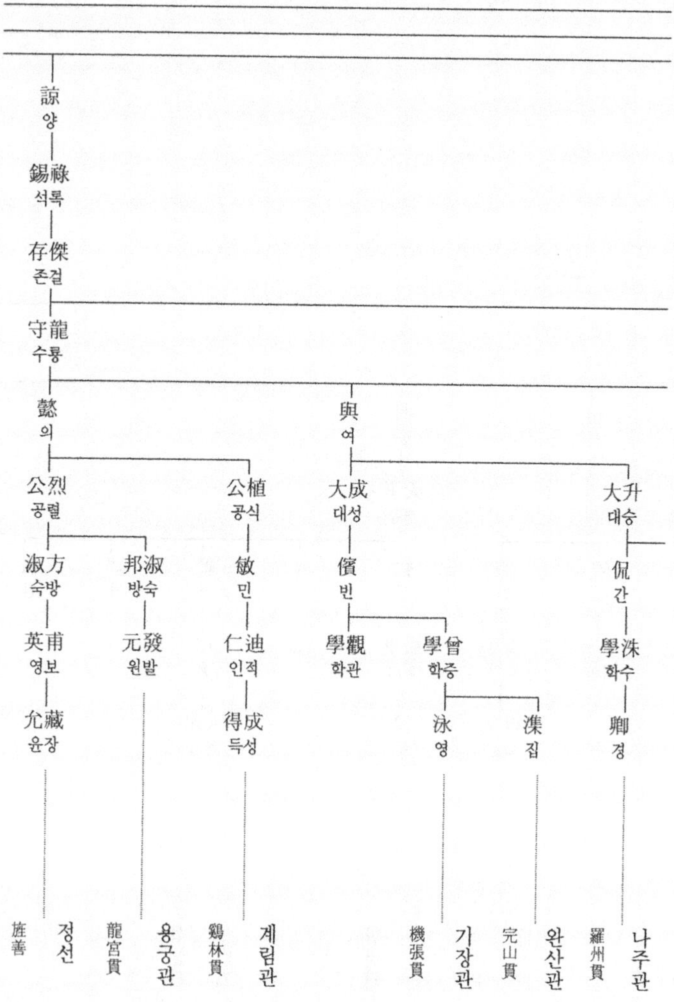
諒 양
錫祿 석록
存傑 존걸
守龍 수룡
懿 의
與 여
公烈 공렬
公植 공식
大成 대성
大升 대승
淑方 숙방
邦淑 방숙
敏 민
儐 빈
侃 간
英甫 영보
元發 원발
仁迪 인적
學觀 학관
學曾 학증
學洙 학수
允藏 윤장
得成 득성
泳 영
潗 집
卿 경
旌善 정선
龍宮貫 용궁관
鷄林貫 계림관
機張貫 기장관
完山貫 완산관
羅州貫 나주관

정선전씨(旌善全氏)

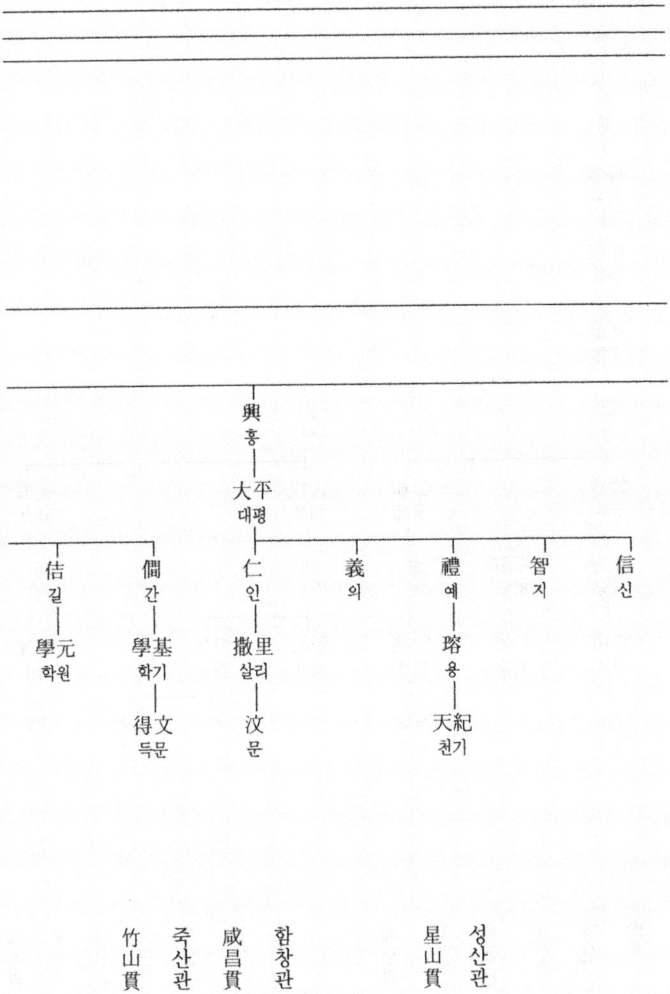
興
홍
大平
대평
佶
길
僩
간
仁
인
義
의
禮
예
智
지
信
신
學元
학원
學基
학기
撒里
살리
瑢
용
得文
득문
汶
문
天紀
천기
竹山貫 죽산관
咸昌貫 함창관
星山貫 성산관

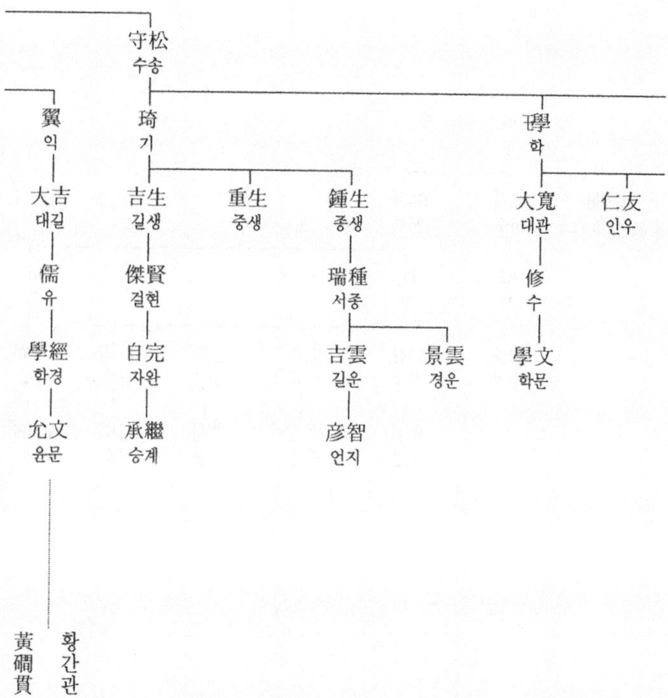
守松 수송
翼 익
琦 기
學 학
大吉 대길
吉生 길생
重生 중생
鍾生 종생
大寬 대관
仁友 인우
儒 유
傑賢 걸현
瑞種 서종
修 수
學經 학경
自完 자완
吉雲 길운
景雲 경운
學文 학문
允文 윤문
承繼 승계
彦智 언지
黃磵貫 황간관

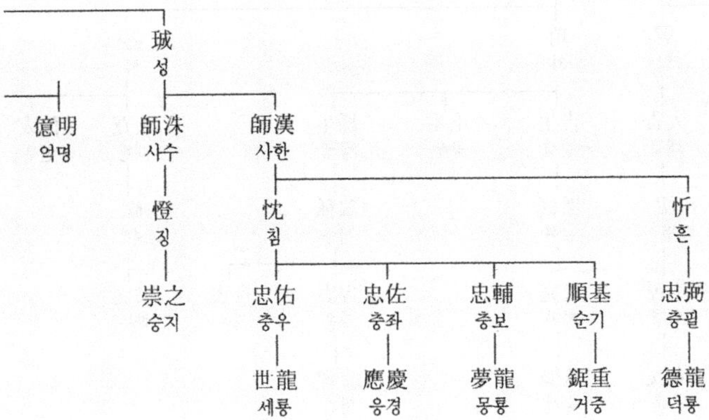
珹
성
億明
억명
師洙
사수
師漢
사한
憕
징
忱
침
忻
흔
崇之
숭지
忠佑
충우
忠佐
충좌
忠輔
충보
順基
순기
忠弼
충필
世龍
세룡
應慶
응경
夢龍
몽룡
鋸重
거중
德龍
덕룡

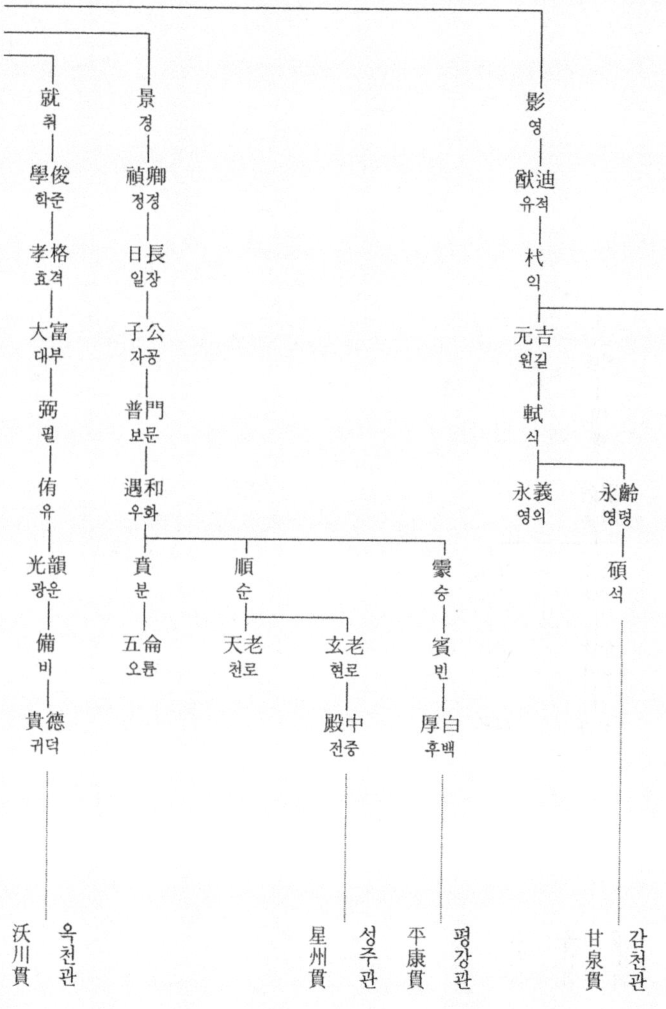
就 취
學俊 학준
孝格 효격
大富 대부
弼 필
侑 유
光韻 광운
備 비
貴德 귀덕
沃川貫 옥천관
景 경
禎卿 정경
日長 일장
子公 자공
普門 보문
遇和 우화
賁 분
五倫 오륜
順 순
天老 천로
玄老 현로
殿中 전중
星州貫 성주관
雺 승
賓 빈
厚白 후백
平康貫 평강관
影 영
猷迪 유적
杙 익
元吉 원길
軾 식
永義 영의
永齡 영령
碩 석
甘泉貫 감천관

정선전씨(旌善全氏)

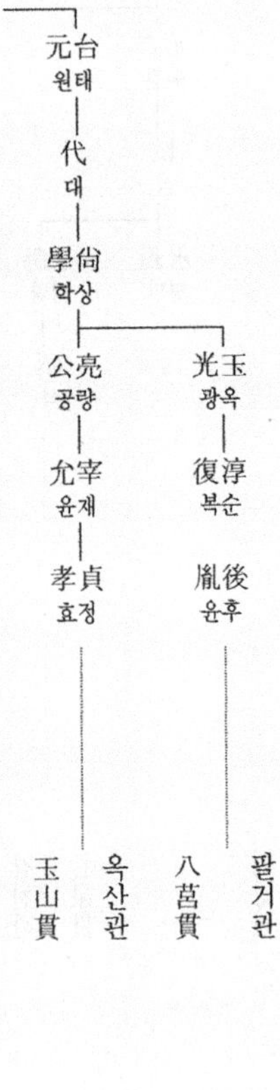

정선전씨 항렬표(旌善全氏 行列表)

世	四十七		四十八		四十九		五十		五十一	
行列	형(鎣)	○	○	우(雨)	인(寅)	○	○	병(炳)	영(瑛)	○
世	五十二		五十三		五十四		五十五		五十六	
行列	○	택(鐸)	제(濟)	○	○	표(杓)	찬(燦)	○	○	재(宰)
世	五十七		五十八		五十九		六十		六十一	
行列	상(商)	○	○	구(求)	계(桂)	○	○	휴(烋)	규(珪)	○
世	六十二		六十三		六十四		六十五		六十六	
行列	○	태(兌)	한(瀚)	○	○	목(穆)	형(炯)	○	○	구(玽)
世	六十七		六十八		六十九		七十		七十一	
行列	용(鏞)	○	○	준(濬)	장(樟)	○	○	도(燾)	정(珽)	○
世	七十二		七十三		七十四		七十五		七十六	
行列	○	일(鎰)	홍(泓)	○	○	환(桓)	희(爔)	○	○	선(璿)
世	七十七		七十八		七十九		八十		八十一	
行列	훈(鑂)	○	○	흡(洽)	기(杞)	○	○	고(熇)	배(培)	○
世	八十二		八十三		八十四		八十五		八十六	
行列	○	옥(鈺)	부(溥)	○	○	목(模)	경(炅)	○	○	준(埈)
世	八十七		八十八		八十九		九十		九十一	
行列	주(鑄)	○	○	환(渙)	병(柄)	○	○	걸(杰)	찬(瓚)	○
世	九十二		九十三		九十四		九十五		九十六	
行列	○	수(銖)	형(泂)	○	○	거(渠)	황(煌)	○	○	은(垠)
世	九十七		九十八		九十九		一白			
行列	강(鋼)	○	○	철(澈)	종(棕)	○	○	욱(煜)		

정선전씨 주요 인물(旌善全氏 主要人物)

고려시대인물(高麗時代人物)

전영보(全英甫)

1310년~1348년(충목왕 4). 제석원(帝釋院)의 노(奴)로, 원나라의 폐환(嬖宦)이었던 이숙(李淑)의 처형이다.
이숙이 일찍이 왕유소(王惟紹)에게 붙어 충선왕의 폐위를 꾀하다 죽자 이에 연루되어 가산이 적몰되고 원도(遠島)에 유배되었다. 충렬왕 때 낭장에 제수되었으나, 대간이 고신(告身)에 서명하기를 거부하였으며 1310년(충선왕 복위 2) 대호군에 제수되었다.
1312년 백원항(白元恒)이 언부(讞部)에서 선군(選軍)의 일을 잘 처리하여 명성이 있었으므로 관아의 대출문서를 조사하게 하였는데, 이때 자섬사사(資贍司使)로서 많은 은폐(銀幣)를 횡령한 혐의로 심하게 문책을 당하였다. 이를 원한으로 품고 있다가 마침 백원항이 사복령사(司僕令史)를 곤장 쳐 죽인 사건이 발생하자 왕에게 보고하여 영흥도(靈興島)에 귀양 보낸 일이 있다.
1320년(충숙왕 7) 밀직부사에 임명된 뒤 여러 벼슬을 거쳐 지밀직사사 겸 대사헌(知密直司事兼大司憲)이 되었으나 대관이 고신에 서명하지 않았다.

1324년 첨의평리(僉議評理)에 제수되고 1326년 고려를 원나라의 한 성(省)으로 하려는 책동에 김이(金怡), 전언(全彦) 등과 함께 극력 반대하여 좌절시킴으로써 1등공신이 되었고, 이듬해에는 또 원나라에서 충숙왕을 시종한 공으로 1등공신이 되었으며, 첨의찬성사(僉議贊成事)에 승진한 뒤 삼사사(三司使)에 이르렀다. 도원군(桃源君)에 봉(封)해졌다.

전영부(全英富)

1384년~1396년. 고려조에서 경서에 밝은 사람을 선발하는데 80명중에서 9명의 한 사람으로 뽑혔다.

고려의 국운(國運)이 다할 무렵 방촌(尨村) 황희(黃喜), 양촌(陽村) 권근(權近) 등과 함께 조선 태조 이성계에 출사하여 수령 등 요직을 맡았고 개국(開國) 훈(勳)에 녹공(祿功)되었다. 첨절제사(僉節制使), 상호군(上護軍) 등을 역임하였다.

첨절제사로 재임 중인 1397년 태조가 순녕군(順寧君) 이지(李枝), 중추원 상의 이천우, 첨절제사(僉節制使) 전영부(全英富), 장철(張哲) 등을 바다에 보내 갑사(甲士 : 조선 오위군 가운데 중위인 의흥위에 속한 군사) 척석군(擲石軍 : 돌을 던져 싸우는 군대)을 거느리고 왜구를 쫓아내도록 명하였다. 전영부 등은 왜선(倭船)을 효과적으로 격퇴하는 공을 세웠다.

전언지(全彦智)

1395년~1405년. 자는 국지(國之). 무과에 급제하여 영일감무(迎日監務)를 역임하였다.

전언배(全彦培)

1395년~1405년. 자는 국경(國慶). 병조정랑(兵曹正郎)을 역임하였다.

전오륜(全五倫)

1357년~1392년. 자(字는) 중지(仲至)이고 호(號는) 채미헌(採薇軒)이다. 대제학 전분(全賁)의 아들이다. 1368년 공민왕 때 과거에 장원급제하여 합천군수, 진주목사, 경상도안렴사를 지냈으며, 내직으로는 국자감 좨주, 한림학사, 집현전 대제학, 보문각 대제학을 역임하였다. 경상안렴사로 재임 중 포은(圃隱) 정몽주(鄭夢周)가 송별시(送別詩)를 보냈다. 그 후 익찬공신의 호가 내려지고 한충론도좌명공신의 호를 받았다. 1391년(공양왕 3) 우상시(右常侍)로 있을 때 정몽주(鄭夢周)와 더불어 왕을 모시고 5죄(五罪)를 정하는 것에 대해 논의하였다. 이어 좌산기상시(左散騎常侍), 형조판서를 거처 대제학에 올랐다.

이색(李穡), 정몽주 등과 교유가 깊었는데, 국정이 불안할 때 정몽주와 더불어 여러 차례 상소를 올려 정사를 바로잡고자 노력하였다. 광정전법서판서(匡正典法署判書) 재임시에 고려가 망하자 그를 비롯하여 뜻을 같이하는 72명의 신하들이 두문동(杜門洞)으로 들어갔는데, 이성계가 이들을 회유하기 위해 수단과 방법을 가리지 않자 그를 비롯한 김충한, 고천우, 이수생, 신안, 변귀수, 김위 등 7명이 다시 정선으로 옮겨 서운산(瑞雲山)으로 들어갔다. 그리고 백이숙제(伯夷叔齊)를 흠모해 호를 채미헌(採薇軒)이라 하고, 나라 잃은 백성이 해를 어찌 보겠느냐며 외출할 때는 항상 패랭이를 쓰고 다녔다.

당시 이들 칠현은 망국의 한 맺힌 마음을 한시로 지어 율창(律唱)으로 불렀는데, 지방의 선비들이 이를 듣고 사람들에게 풀이하여 알려주면서 구전되던 토착요(土着謠)가 정선아리랑이 되었다고 한다. 경남 안의(安義)의 서산서원(西山書院)에 배향되었다.

그의 행적을 모은 채미헌전선생실기(採薇軒全先生實記)는 후손인 전일수(全一壽)가 1833년(순조 33) 유고(遺稿) 및 관련된 문서들을 모아 편찬하려고 했으나 그 후 보충자료를 더 수집하여 1866년에 서산서원(西山書院)에서 출간하였다. 그 후 서원철폐령 등으로 산실되었다가 그의 18세손 병기(炳好) 등이 1984년 영인 간행하였다.

채미헌의 시(詩)

동쪽으로 올 때 가지고 온 조복으로 갈아입고 (東來朝服在臣身)
송도를 바라보니 애달픈 눈물만 흐르네. (遙望松京哭滿巾)
요순성대 가버렸으니 어디서 머물리요, (唐虞世遠吾安適)
서산을 향하고 세상 인연을 끊네. (矯首西山繼絶塵)

전오돈(全五敦)

1357년~1392년. 중랑장(中郎將)을 역임하였다.

전오기(全五紀)

전법판서(典法判書)를 역임하였다.

전이도(全以道)

1349년 원나라에 가는 강릉대군(江陵大君 : 뒤의 공민왕)을 따라가 시종하였다가 왕의 즉위로 1351년(공민왕 즉위년) 원나라에서 공민왕과 함께 돌아와 낭장에 임명되었다. 이듬해 시종한 공으로 연저수종 1등공신(燕邸隨從一等功臣)에 책록되고 노비와 토지를 받았다. 1355년 의성창사(義城倉使)로 있을 때 왕이 광명사(廣明寺)에 행차하여 승(僧)을 공양하는 데 능히 일을 처리하지 못하여 파직되었다가 곧 복직되었다.

1359년(공민왕 8) 예부시랑으로 있을 때 흉년이 크게 들자 경상도진제사(慶尚道賑濟使)로 파견되었는데, 임무를 마치고 돌아온 후에 감무(監務)와 현령 등 지방수령직에 서리(胥吏)들이 다수 임용됨으로써 백성들의 피해가 크므로 과거에 합격한 사류(士流)만으로 수령에 충당할 것을 청하였으나 채택되지 못하였다.

1361년(공민왕 10) 판전농시사(判典農寺事)로 있을 때 홍건적의 침입으로 공민왕이 복주(福州 : 지금의 안동)로 몽진하자 호종하던 도중 왕명으로 홍주도(洪州道)에서 군사를 점검하였다. 이듬해 총병관(摠兵官) 정세운(鄭世雲)을 위시한 이방실(李芳實), 안우(安佑), 김득배(金得培) 등 원수(元帥) 들과 함께 홍건적에게 빼앗긴 개경을 공격하여 수복하였다. 이 공으로 1363년 첨병보좌 1등공신(僉兵輔佐一等功臣)과 수복경성 2등공신(收復京城二等功臣)에 녹훈되었다.

한편, 공민왕을 반대하던 최유(崔濡)가 원나라에서 음모를 꾸며 왕을 폐하고 덕흥군(德興君)을 세워 요양(遼陽)의 군사를 이끌고 고려를 쳐들어온다는 소식이 전하여지자 이에 대비하기 위하여 안동도병마사로 임명되어 출동하였다.

1364년 여진족의 삼선(三善), 삼개(三介)의 무리들이 동북면에 침입하자 지병마사(知兵馬事)로 임명되어 도지휘사(都指揮使) 한방신(韓方信)을 보내어 특히 삼관(三關), 홀면(忽面) 방면을 방어하도록 하였으나 실패하였다. 공조(工曹)와 예조판서(禮曹判書)를 역임하였다.

전윤장(全允臧)

1321년(충숙왕 8) 역관으로 원나라 사실에 발탁되어 원에 들어가 전부터 억류되어 있던 충혜왕을 다시 복위(復位)하는데 공을 세워 그 후 2등 공신에 서훈되고 우상시(偶像視), 평양도순위사(平壤道巡慰使), 동지밀직사사(同知密直司事), 강원도순문사(江原道巡問使), 첨의참리(僉議參理), 문하찬성사(門下贊成事), 문하시중(門下侍中)에 이르고 석릉군(石陵君)에 봉해졌다. 충숙왕조에서 공민왕조까지 5대의 왕조에 뛰어난 외교수완을

발휘하였다.

전학원(全學元)

호군(護軍)을 역임하였다.

전우도(全于道)

예부(禮部), 병부 시랑(兵部侍郎)을 역임하였다.

전천길(全天吉)

상호군(上護軍)을 역임하였다.

전성길(全成吉)

1385년~?. 낭장(郎將)을 역임하였다.

조선시대 인물(朝鮮時代 人物)

전세경(全世經)

사직(司直)을 역임하였다.

전맹겸(全孟謙)

강양 군수(江陽郡守)를 역임하였다.

전숙겸(全叔謙)

석성 현감(石城縣監)을 역임하였다.

전유겸(全有謙)

통천 군수(通川郡守)를 역임하였다.

전계겸(全季謙)

상주 목사(尙州牧使)를 역임하였다.

전유은(全由恩)

형조 정랑(刑曹正郞)을 역임하였다.

전유의(全由義)

함창 현감(咸昌縣監)을 역임하였다.

전효우(全孝宇)

1419년~1452년. 자는 군우(君宇). 문과에 등과(登科) 후에 예문관검열(藝文館檢閱), 사헌부감찰(司憲府監察), 예문관응교(藝文館應敎), 홍문관교리(弘文館校理)를 거쳐 예문관봉교(藝文館奉敎) 겸 춘추관기사관(春秋館記事官)으로 세종조 고려사(高麗史) 편찬 시 참여하였다. 단종조(端宗朝) 정란원종이등공신에 책록 되었다.

전 신(全 信)

오위도총부(五衛都摠府) 사직(司直)을 역임하였다.

전 돈(全 敦)

통천 군수(通川郡守)를 역임하였다.

전 림(全 霖)

의금부 도사(義禁府都事)를 역임하였다.

전 점(全 霑)

의금부 도사(義禁府都事)를 역임하였다.

전천주(全天柱)

용호위 별장(龍虎衛別將)을 역임하였다.

전천순(全天順)

전법 총랑(典法摠郞)을 역임하였다.

전우규(全禹圭)

자는 백현(伯鉉)이다.

대호군(大護軍)을 역임하였다.

전만춘(全萬春)

양주 목사(楊洲牧使)를 역임하였다.

전문규(全文圭)

오위도총부(五衛都摠府) 대호군(大護軍)을 역임하였다.

전운숙(全雲淑)

군자감 정(軍資監正)을 역임하였다.

전 리(全 理)

훈련원 판관(訓練院判官)을 역임하였다.

전득립(全得立)

자는 양준(兩峻). 공조 참의(工曹參議)를 역임하였다.

전미상(全美尙)

1419년~?. 갑산 부사(甲山府使)를 역임하였다.

전계선(全繼善)

자는 낙이(樂伊). 한성 좌윤(漢城左尹)을 역임하였다.

전인구(全仁具)

중랑장(中郎將)을 역임하였다.

전인련(全仁鍊)

중랑장(中郞將)을 역임하였다.

전인권(全仁權)

1360년~1441년. 자는 이지(履之)이고 호는 성취(醒醉)이다. 문과에 등과한 후 이조정랑을 역임했다. 조선이 개국되자 불사이군지절(不事二君之節)로 야은(冶隱) 길재(吉再), 운곡(耘谷) 원천석(元天錫) 등과 갈릉 경포 남록(南麓)에 관심정을 짓고 술과 시로 스스로 즐겼으며, 중앙과 향리의 명사들과 시를 읊으며 교유하였다. 또 갈릉향교의 창건을 주도하고 이에 진력(盡力)함으로써 향리의 추앙을 받았다.

전 륜(全 崙)

1414년~1476년. 자는 하원(河源)이고 호는 만퇴당(晩退堂)이다. 문과에 등과 후 주서(主書), 호조좌랑(戶曹佐郞), 사헌부 감찰(司憲府監察)을 역임하였다.

전민준(全敏準)

1452년~?. 자는 치덕(致德)이고 호는 죽헌(竹軒)이다. 문과에 등과 후 사헌부 감찰(司憲府監察)을 역임하였다.

전공간(全公侃)

1488년~1552년. 자는 숙평(叔平)이고 호는 창봉(滄峰). 문과에 급제하여 호조(戶曹), 병조정랑(兵曹正郞)을 거쳐 개성경력, 함흥판관, 강동 현령, 평산 부사를 역임하였다.

전지론(全智論

중추부 첨지사(中樞府僉知事)를 역임하였다.

전경춘(全慶春)

훈련원 첨정(訓練院僉正)을 역임하였다.

전근취(全近取)

병조 정랑(兵曹正郞)을 역임하였다.

전효맹(全孝孟)

공조 참판(工曹參判)을 역임하였다.

전형번(全滎蕃)

용양위 부호군(龍驤衛副護軍)을 역임하였다.

전성철(全聖澈)

중추부 도사(中樞府都事), 낭천 군수를 역임하였다.

전재식(全載植)

문과에 급제하여 의령 현감(宜寧縣監)을 역임하였다.

전승동(全順童)

홍문관 교리(弘文館校理)를 역임하였다.

전모승(全模承)

중추부 도사(中樞府都事)를 역임하였다.

전용석(全容奭)

도총부 부호군(都摠府副護軍)을 역임하였다.

전휘명(全輝明)

1624년~1649년.

중추부 도사(中樞府都事)를 역임하였다.

전논립(全論立)

중추부 도사(中樞府都事)를 역임하였다.

전수민(全守敏)

중추부 도사(中樞府都事)를 역임하였다.

전삼민(全三敏)

중추부 도사(中樞府都事)를 역임하였다.

전사견(全師堅)

중추부 도사(中樞府都事)를 역임하였다.

전명손(全命孫)

중추부 도사(中樞府都事)를 역임하였다.

전세록(全世錄)

1640년~1681년. 괴산현감을 거쳐 홍문관 전적(弘文館典籍)을 역임하였다.

전덕선(全德先)

도총부 부호군(都摠府副護軍)을 역임하였다.

전거강(全居康)

오위도총부(五衛都摠府) 사직(司直)을 역임하였다.

전중권(全仲權)

돈녕부 도정(敦寧府都正)을 역임하였다.

전응조(全應祖)

1532년~1612년. 뒤의 명종(明宗)인 경원대군이 세자에 책봉되었을 때 특제익채동궁으로 하였지만 을사사화를 피하여 남산동으로 퇴거(退去)하였다. 선조(宣祖) 갑진년에 순충포조찬

모인성공신으로 책록되고 정헌대부(正憲大夫) 호조판서(戶曹判書)에 추배(趨拜)되었으며 임하군(臨河君)에 봉(封)해졌다.

전 용(全 龍)

1559년~1596년. 충청북도 음성군에서 태어났다. 자(字)는 여견(汝見), 호(號)는 석천(石泉)이며, 증 호조판서(戶曹判書) 전응조(全應祖)의 아들이다.

용모가 헌칠하고 우뚝하여 일찍이 궁마(弓馬)와 기예(技藝)를 익혔다. 임진왜란을 만나 사복시(司僕寺) 견마배(牽馬陪)로 선조를 호위하며 뒤따랐다. 개성에 이르렀을 때 종묘의 신주를 모시고 오라는 어명을 받고 정예 기병 3천 명과 종묘의 위패를 호위하여 탈출하는데, 왜적 대병이 포위하여 격전을 벌여 기마병 16명만 남았다. 그는 격전 중에 왼쪽 빰과 왼쪽 귀가 잘려나가는 중상을 입었으면서도 행재소(行在所)에 당도해 복명(復命)을 마친 후 혼절하니, 왕이 놀라서 친히 금창약을 붙여주었다. 충근정양호성공신(扈聖功臣) 3등에 책록되어 단서철권(丹書鐵券)과 노비, 전답을 하사받고 석릉군(石陵君)에 봉군되고 선조 26년(1593) 수문장 군직(守門將軍職)에 제수(除授)되었다. 선조 34년(1601)에 사복시 판관(司僕寺判官)에 임명되고, 선조 38년(1605)에는 자헌대부(資憲大夫) 내승(內承)에 올랐다. 자헌대부 형조판서에 증직되고, 경상북도 성주군 금수면 선암리에 영정각을 세웠으며, 1936년에 의왕(義王) 이강(李堈)이 신도비명을 찬술하였다.

전대익(全大翼)

1584년~1625년. 벽동군수와 청송부사를 거쳐 대호군(大護軍)을 역임하였다.

전영달(全英達)

벽동군수와 부호군(副護軍)을 역임하였다.

전언남(全彦楠)

중추부 도사(中樞府都事)를 역임하였다.

전순걸(全順傑)

어모장군(禦侮將軍)을 역임하였다.

전종형(全鍾亨)

중추부첨지사(中樞府僉知事)를 역임하였다.

전언보(全彦輔)

군자감 정(軍資監正)을 역임하였다.

전중규(全重規)

사복시 정(司僕寺正)을 역임하였다.

전 찬(全 瓚)

1512년~1576년. 자는 맹옥(孟玉)이고 호는 국포(菊圃)이다. 문과에 등과하여 주서(主書), 사헌부 장령(司憲府掌令), 함경도 도사(咸鏡道都事)를 역임하였다.

전형근(全鎣根)

1682년~1744년. 자는 석우(錫祐)이다.
문의현령(文義縣令)을 역임하였다.

전취룡(全取龍)

도총부 부호군(都摠府副護軍)을 역임하였다.

전태병(全台炳)

자는 흥명(興明). 사헌부 감찰(司憲府監察)을 역임하였다.

전원구(全元龜)

무산 부사(茂山府使)를 역임하였다.

전윤옥(全潤玉)

평강 현감(平康縣監)을 역임하였다.

전세명(全世命)

용양위 부호군(龍驤衛副護軍)을 역임하였다.

전대홍(全大弘)

1668년~1705년. 옥연 만호(萬戶)를 역임하였다.

전천추(全天樞)

도총부 부호군(都摠府副護軍)을 역임하였다.

전후평(全厚平)

1725년~1763년. 공조 참의(工曹參議)를 역임하였다.

전익성(全益成)

1745년~1773년. 사복시 정(司僕寺正)을 역임하였다.

전달언(全達彦)

1796년~1825년.
오위도총부 부총관(五衛都摠府副摠管)을 역임하였다.

전연집(全璉集)

용양위 부호군(龍驤衛副護軍)을 역임하였다.

전종민(全宗珉)

도총부 부호군(都摠府副護軍)을 역임하였다.

전세경(全世經)

오위도총부(五衛都摠府) 사직(司直)을 역임하였다.

전천석(全千錫)

공조정랑(工曹正郎)을 역임하였다.

전유감(全有感)

1568년~1628년. 자는 선재(善哉). 형조좌랑(刑曹佐郎), 사간원 첨정(司諫院僉正)을 역임하였으며, 광해군(光海君)조 무오사화(戊午士禍) 때 순절(殉節)하여 진무원종공신(振武原從功臣)으로 책록되었다.

전만웅(全萬雄)

무과에 급제하여 현감(縣監)을 역임하였다.

전억룡(全億龍)

군자감 정(軍資監正)을 역임하였다.

전환식(全桓植)

1759년~1830년. 자는 여집(汝執). 개령군수(開寧郡守)를 역임하였다.

전명항(全命恒)

1694년~1732년. 도총부 부호군(都摠府副護軍)을 역임하였다.

전연식(全連植)

1839년~1904년. 자는 명옥(命玉), 호는 퇴반(退畔). 음사(蔭仕)로 충훈부 도사(忠勳府都事)를 역임하였다.

전홍담(全弘談)

1803년~1870년. 자는 중겸(仲謙). 무과에 급제하여 수문장(守門將), 수군만호(水軍萬戶)를 역임하였다.

전약훈(全若勛)

1803년~1870년. 자는 순언(順彦). 병마 만호(兵馬萬戶)를 역임하였다.

전두병(全斗炳)

도총부 부호군(都摠府副護軍)을 역임하였다.

전효인(全孝仁)

1418년~1460년. 감무(監務)를 역임하였다.

전효원(全孝源)

1420년~1460년. 자는 과익(科益)이다.

홍문관 직제학(弘文館直提學)을 역임하였다.

전유래(全由來)

1407년~1469년. 고성 현감을 역임하였다.

전흥문(全興文)

공조 좌랑(工曹佐郞)을 역임하였다.

전수진(全守眞)

오위도총부(五衛都摠府) 사직(司直)을 역임하였다.

전태기(全泰器)

1415년~1486년. 예조 정랑(禮曹正郞)을 역임하였다.

전 호(全 瑚)

1412년~1483년. 자는 기중(器仲). 문천군수(文川郡守)를 역임하였다.

전세준(全世俊)

1556년~1593년. 자는 민준(敏俊), 호는 백포(柏圃). 정선군(旌善郡) 훈도(訓導)로 재임 중 임진왜란이 발발하여 1593년 왜적이 백봉령(百峰嶺)을 넘어 침입하였을 때, 역부족인 상황에서 고을 군수와 관민을 피난케 하고 관아를 지키다가 적에게 사로잡혀 적이 정사준 군수의 행선과 곡장 소재를 추궁하였으나 이에 응하지 않았는데, 적이 대노하여 철사줄로 손과 발바닥을 뚫어 끌고 다니면서 심지어 양팔과 다리를 절단하였으나 끝내 굴하지 않고 도리어 적을 꾸짖다가 끝내 순절하였다. 왜적도 그의 충절에 감탄하여 크게 뉘우치면서 '조선충신 전세준(朝鮮忠臣全世俊)' 이란 글을 써서 표목(標木을 세웠다. 나라에서는 정려비(旌閭碑)를 세워 지금까지 충신사(忠臣祀)에 향사(享祀)를 봉행하고 있다.

전충효(全忠孝)

1433년~1492년. 자는 성경(誠敬). 문천군수(文川郡守)를 역임하였다.

전 시(全 時)

자는 가중(可中)이다. 오위도총부 사직(五衛都摠府司直)을 역임하였다.

전세감(全世感)

자는 여태(旅泰)이다. 현감(縣監)을 역임하였다.

전 관(全 瓘)

자는 천옥(天玉), 호는 취정헌(取靜軒). 문과에 등과 후 자인현감(慈仁縣監)을 역임하였다.

전조영(全朝永)

자는 덕윤(德潤), 호는 오봉(五峰). 홍문관 교리(弘文館校理)를 역임하였다.

전순인(全舜仁)

1491년~?. 자(字)는 원경(元卿), 통덕랑(通德郎) 전계현(全繼賢)의 아들이다. 어촌 심언광, 삼가 박수량과 교유하였으며, 1519년(중종 14)에 문과에 급제하였다. 1528년(중종 23)에 사헌부지평(司憲府持平)을 지냈고, 이어 승문원 교리(承文院校理)로 있으면서는 서장관(書狀官)으로 두 차례나 명나라에 갔다. 이때 그의 인품을 가상히 여긴 명의 세종황제에게 금으로 주조한 향로 등 많은 선물을 하사받았다. 그 후 풍천(豊川), 정선(旌善), 원주(原州), 청풍(淸風) 등의 수령을 지냈는데, 선정을 베풀어 선정비(善政碑)가 세워졌다. 그 뒤 춘추관기사관 지제교(春秋館記事官知製敎), 성균관 사성(成均館司成), 군자감 정(軍資監正)을 역임하였다.

전태기(全泰器)

1415년~1486년. 예조 정랑(禮曹正郎)을 역임하였다.

전방경(全方慶)

1533년~1593년. 자는 중선(仲善)이다.

문과에 등과 후 승정원 주서(承政院主書), 성균관 전적(成均

館典籍), 사헌부 감찰(司憲府監察)을 거쳐 횡성(橫城), 용궁현감(龍宮縣監)을 역임하였다.

전윤손(全狁孫)

1520년~1573년. 자는 염조(念祖). 돈녕부 첨정(敦寧府僉正)을 역임하였다.

전대강(全大江)

1632년~1695년. 자는 해원(海源). 오위도총부 호군(五衛都摠府護軍)을 역임하였다.

전 협(全 悏)

1657년~1706년. 자는 화보(和甫). 중추부 첨지사(中樞府僉知事)를 역임하였다.

전한갑(全漢甲)

1681년~1737년. 자는 준덕(俊德). 군자감 정(軍資監正)을 역임하였다.

전후일(全厚逸)

1645년~1708년. 자는 치덕(致德). 용양위 부호군(龍驤衛副護軍)을 역임하였다.

전만갑(全萬甲)

1691년~1775년. 자는 대로(大老). 오위도총부 부호군(五衛都摠府副護軍)을 역임하였다.

전복인(全復仁)

1643년~?. 자는 성지(性之), 호는 남한(南漢). 문과에 등과 후 합천군수(陜川郡守)를 역임하였다.

전명춘(全命春)

1697년~1761년. 자는 보원(保元), 호는 월송정(月松亭). 문과에 등과 후에 사헌부 감찰(司憲府監察)과 안성군수(安城郡守)를 역임하였다.

전오강(全五綱)

1661년~1723년. 자는 희영(希暎). 석성현감(石城縣監)을 역임하였다.

전지완(全之完)

사복시 정(司僕寺正)을 역임하였다.

전희성(全熙聖)

1794년~?. 자는 재택(載宅). 오위도총부 부총관(五衛都摠府副摠管)을 역임하였다.

전원식(全原植)

문과에 올라 형조정랑(刑曹正郞)을 역임하였다.

전진만(全鎭萬)

자는 명구(明九), 호는 난사(蘭史). 문과에 올라 선전관(宣傳官)을 역임하였다.

전봉담(全鳳潭)

1657년~1706년. 자는 윤명(玧明). 군자감 정(軍資監正)을 역임하였다.

전학규(全學奎)

1840년~1910년. 자는 원서(元序). 무과에 급제 후 사천현감(泗川縣監)을 역임하였다.

전형철(全亨哲)

1846년~1870년. 자는 초오(初悟), 호는 동제(東齊). 사헌부감찰(司憲府監察)이다.

전창렬(全昌烈)

1838년~1917년. 자는 성여(盛汝). 무과에 급제 후 훈련원 판관(訓練院判官), 능성 및 안협현감을 역임하였다.

전면조(全冕朝)

1871년~1942년. 자는 헌경(軒卿), 호는 만제(晩齊). 중추원 의관(中樞院議官)을 역인한 후 갑오경장(甲午更張)으로 관제(官制)가 바뀌어 육군 보병 참위(參尉)로 임관(任官)해 참령(참령(參領)으로 진급해 진위(鎭慰) 4연대(聯隊) 제1대대장을 역임하였다.

1905년 을사조약이 체결되었을 때 비통해 하였으며, 고종((高宗), 순종(純宗) 황제의 국장(國葬) 때 장례행렬원으로 참례(參禮)하였다. 전씨대동종약소(全氏大同宗約所 : 지금의 전씨중앙종친회) 초대 종약장(初代宗約長)을 역임하였다.

전성욱(全聖旭)

1877년~1945년. 자는 서옥(瑞玉), 호는 연헌(蓮軒). 충청북도 학무총감(學務摠監), 법무양성소(法務養成所) 강사(講師)를 역임하였다.

천안전씨

天安全氏

천안전씨 선조유적(天安全氏 先祖遺蹟)

천안군(天安君) 전낙(全樂)의 단소. (광주광역시 북구 장등동 산10-1)

양현사(兩賢祠). 문효공(文孝公) 전신(全信)을 모신 사당.
(충남 천안시 풍세면 삼태리 시조 환성군 단소 옆)

충민사(忠愍祠). 전상의(全尙毅) 장군의 영정과 위패를 봉안하고 있는 사당. (광주광역시 북구 화임동)

전상의(全尙毅) 장군 신도비.
(충민사 경내)

전봉준(全琫準) 단소(壇所). (전북 정읍시 이평면 창동리)

양황토현의 동학농민항쟁 기념 전봉준 동상.
(전북 정읍시 덕천면 하락리 황토현전적지)

전봉준 장군 생가(生家). (전북 고창군 덕정면 죽림리)

체포되어 압송되고 있는 전봉준 장군
('동학수괴 전봉준' 이라는 제목의
일제의 사진자료)

당시 동학농민군이 사용한
사발통문.

천안전씨 연원(天安全氏)

시조 및 본관의 유래(始祖 및 本貫의 由來)

천안전씨(天安全氏)는 시조(始祖) 환성군(歡城君) 전섭(全聶)의 후손인 전낙(全樂)을 관조(貫祖)로 모시고 있다. 문헌(文獻)에 의하면 전낙(全樂)은 고려의 개국공신(開國功臣)으로 삼사좌복야(三司左僕射)를 지냈고 천안군(天安君)에 봉해졌는데, 이후 후손들이 천안(天安)을 관향(貫鄕)으로 삼고 세계(世系)를 이어오고 있다.

씨족사 개요(氏族史 槪要)

천안전씨(天安全氏)를 빛낸 선조를 살펴보면, 고려조(高麗朝)에서 전홍술(全洪述)이 문하시중 평장사(門下侍中平章事)를 지내고 영산군(寧山君)에 봉해졌으며, 그의 아들인 전충우(全忠佑)는 환계군(歡溪君)에 봉(封)해졌다.

전충우(全忠佑)의 손자인 전인량(全仁亮)은 1211년(희종 7) 문과에 급제하여 한림학사(翰林學士)를 거쳐 우의정(右議政)에 이르고, 송(宋)나라에 사신(使臣)으로 가서 이부 상서(吏部尚書)에 제수(除授)되고 은자광록대부(銀紫光祿大夫)에 올랐으며, 돌아와서는 천양군(天陽君)에 봉해졌으니, 그의 아들 영평군(寧平君) 전단(全旦), 지공거(知貢擧) 전승(全昇)과 함께 가문을 반석에 올려놓았다.

전승의 아들 전신(全信)은 충렬왕조(忠烈王朝)에 문과에 급제하여 진현관(進賢館) 대제학(大提學), 동지밀직사사(同知密直司事) 등을 거쳐 충혜왕조(忠惠王朝)에는 감찰대부(監察大夫)에 올랐으며 상의회의도감사(商議會議都監事)에 이르렀다. 또한 충목왕조(忠穆王朝)에 동지밀직사사(同知密直司事)를 지낸 전윤장(全允藏)은 1348년(충목왕 4) 첨의참리(僉議參理)로서 이학도감판사(二學都監判事)를 겸했으며, 후에 공민왕이 된 강릉대군(江陵大君)이 원(元)나라에 갈 때 시종하였는데, 이때 세운 공으로 공민왕이 즉위하자 찬성사(贊成事)에 올랐다.

조선조(朝鮮朝)에 들어와서는 세조조(世祖朝)에 전순의(全循義)는 전의감(典醫監) 자헌대부(資憲大夫)에 오르고 정랑원종공신일등에 책록 되었고, "의방류취(醫方類聚)", "산가요록(山家要錄)", "식요찬요(食療纂要)", "침구택일편집(鍼灸擇一編集)" 등이 저서를 남기는 등 뛰어난 선구의 학자로 평가받고 있다.

임진왜란 때 창의하여 순절(殉節)한 전계종(全繼宗)은 공조참의(工曹參議)에 추증되었고, 전몽성(全夢星)은 정유재란(丁酉再

亂) 때 아우 전몽진(全夢辰)과 함께 의병(義兵)을 모아 수차에 걸쳐 왜적을 물리치니 그 이름이 높았다.

선조조(宣祖朝) 무과에 급제한 전용(全蓉)의 아들 전상의(全尙毅)는 인조조(仁祖朝)에 좌영장(左營將)을 역임하던 중 건주(建州)의 야인(野人)이 안주성(安州城)을 포위하자 안주 목사(安州牧使) 김준(金浚)과 함께 싸우다가 전사하여 병조 판서(兵曹判書)에 추증되었으며, 안주의 충민사(忠愍祠), 광주(光州)의 충민사(忠愍祠), 경렬사(景烈祠), 제주(濟州)의 귤림서원(橘林書院) 등에 제향(祭享)되었다. 한편 용병(用兵)에 능하여 이상진(李尙眞), 소두산(蘇斗山)과 더불어 삼걸(三傑)로 불렸던 전동흘(全東屹)은 현종조(顯宗朝) 7도(七道)의 병마절도사(兵馬節度使)를 두루 역임한 후 숙종조(肅宗朝) 총융사(摠戎使)와 훈련대장(訓練大將)을 지냈는데, 여러 고을을 잘 다스려 선정(善政)으로 높이 칭송받았으며, 철산(鐵山)에 부임하여 억울하게 죽은 장화(薔花)와 홍련(紅蓮)의 원한을 풀어주었다는 일화를 남긴 주인공이기도 하다.

천안군(天安君)의 후손 중 정난원종일등공신에 전순의(全循義), 이등(二等)에 전계원(全繼元), 전자완(全自完), 전유선(全有先), 전영수(全寧壽) 등 4명, 삼등(三等)에 전철석(全鐵石), 전유손(全有孫), 전인귀(全仁貴) 등 3명이 녹훈되었다.

한말(韓末)에 와서는 고종조(高宗朝) 첨지중추부사(僉知中樞府事)와 오위장(五衛將) 등을 지낸 전기윤(全基允)과 '녹두장군(綠豆將軍)' 으로 불렸던 전봉준(全琫準)이 역사에 이름을 남겼다.

전봉준(全琫準)은 1854년(철종 4) 전북 태인(泰仁)에서 전기창(全基昶)의 아들로 태어났는데, 아버지가 민란(民亂)의 주모자로 처형되자 동학(東學)에 입문하여 접주(接主)가 되어 당시 탐학(貪虐)하던 고부군수(古阜郡守) 조병갑(趙秉甲)에게 분기(奮起)하여 난(亂)을 일으키니 이것이 동학농민운동(東學革命運動)의 시작이다. 그는 당시 국가정치와 사회제도의 전면 개혁을 단행하여 보국안민(輔國安民)의 동학사상을 펼 뜻을 굳히고 수차례에 걸쳐 전국을 돌며 조직 강화에 힘쓰고, 특히 전라도 지방에 집강소(執綱所)를 설치하여 동학의 조직강화에 노력하고 도정(道政)에 참여하여 감시하였으나 근본적 시정개혁이 실현되지 않음에 따라 재궐기를 계획하던 중 청일전쟁의 우세를 이용하여 침략행위를 노골화하는 일본의 행태에 격분하여 다시 봉기하였다. 남도접주(南道接主)로서 12만의 농민군을 지휘하였으며, 북도접주(北道接主) 손병희(孫秉熙)의 10만 농민군과 연합하여 교주(敎主) 최시형(崔時亨)의 총지휘하에 구국(救國)의 대일본전(對日本戰)을 시작하였다. 항쟁의 규모는 한때 중부·남부 전역을 비롯하여 함경남도와 평안남도까지 확대되었으나 근대적 무기와 화력을 앞세운 일본군과 관군의 반격에 패배를 거듭하다가 공주(公州) 우금치전투에서 대패하였다. 이후 다시 봉기하여 대일전(對日戰)을 확대했으나 일본군의 대대적인 반격으로 패배하고 수명의 동지들과 순창(淳昌)에 피신하던 중 현상금을 탐낸 한신현(韓信賢) 등 지방민의 급습으로 체포되어 사형 당하고 말았다.

그 밖의 인물로는 전수용(全垂鏞)이 의병장(義兵將)으로 장성(長城) 등지에서 일본군을 격파하여 무공을 떨쳤으며, 1962년 대한민국 건국공로훈장복장(建國功勞勳章復章)이 수여되었다.

2000년 통계청 인구조사 결과에 의하면 천안전씨(天安全氏)는 남한에 총 40,740가구 133,074명이 살고 있는 것으로 나타났다.

본관지 연혁(本貫地 沿革)

세종실록지리지(世宗實錄地理志) : 천안군(天安郡)

고려 태조(太祖) 13년 경인에 동·서 도솔(東西兜率)을 합하여 천안부로 삼고, 【전설에 의하면, 술사(術師) 예방(藝邦)이 태조에게 아뢰기를, "삼국(三國)의 중심(中心)으로서 오룡(五龍)이 구슬을 다투는 형세이오니[五龍爭珠之勢], 만일 〈이곳에〉 큰 고을[大官]을 두면, 백제(百濟)가 스스로 와서 항복하오리다." 하므로 태조가 산(山)에 올라 두루 살펴보고 비로소 천안부를 설치하였다고 한다.】 성종(成宗) 14년에 환주 도단련사(歡州都團練使)로 개칭하였다. 목종(穆宗) 8년 을사에 단련사를 폐하고, 현종(顯宗) 9년 무오에 다시 옛 이름으로 복구하고 지부사(知府事)를 두었다가, 충선왕(忠宣王) 2년 경술에 모든 목(牧)과 부(府)를 없앰에 따라 영주(寧州)로 고쳤다. 본조 태종(太宗) 13년 계사에 영산군(寧山郡)으로 고치고, 병신년에 또 천안군으로 개칭하였다. 속현(屬縣)이 1이니, 풍세(豐歲)이다. 본래 백제의 감매현(甘買縣)인데, 신라가 순치현(馴雉縣)으로 고쳐서 대록군(大麓郡)의 영현(領縣)을 삼았고, 고려에서 지금의 이름으로 고쳤다. 현종(顯宗) 9년에 천안부의 임내에 붙였다. 부곡(部曲)이 3이니, 덕흥(德興) · 모산(毛山) · 신종(新宗)이요, 【예전에 예산(禮山)에 속하였다. 】 향(鄕)이 1이니, 돈의(頓義)이다.

사방 경계는 동쪽으로 목천(木川)에 이르기 8리, 서쪽으로 온수(溫水)5041) 에 이르기 7리, 남쪽으로 목천에 이르기 10리, 북쪽으로 직산(稷山)에 이르기 14리이다.

호수가 5백 6호요, 인구가 2천 3백 85명이다. 군정(軍丁)은 시위군이 14명이요, 진군(鎭軍)이 6명이요, 선군(船軍)이 2백 3명이다.

토성(土姓)이 5이니, 전(全) · 하(河) · 신(申) · 심(沈) · 장(張)이요, 망성(亡姓)이 1이니, 노(盧)요, 내성(來姓)이 2이니, 경(敬) · 전(田)이다. 덕흥(德興)의 망성이 1이니, 상(尙)이요, 모산(毛山)의 망성이 4이니, 박(朴) · 이(李) · 현(玄) · 김(金)이요, 신종(新宗)의 망성(亡姓)이 1이니, 방(方)이요, 돈의(頓義)의 망성이 1이니, 이(李)이다.

땅이 기름지고 메마른 것이 반반씩이며, 기후가 많이 차다. 간전(墾田)이 5천 1백 58결이요, 【논과 밭이 반반이다. 】 토의(土宜)는 오곡과 조 · 팥 · 참깨 · 뽕나무 · 추자(楸子)이다. 토공(土貢)은 지초 · 배 · 대추 · 잉어 · 종이요, 약재(藥材)는 속서

근플[黃芩]·백부자(白附子)·인삼이다. 자기소(磁器所)가 1이니, 군의 남쪽 풍세현(豐歲縣) 개재골[介峴洞]에 있고,【하픔이다.】도기소(陶器所)가 1이니, 군의 남쪽 풍세현 기화곡동(其火谷洞)에 있다.【하픔이다.】

역(驛)이 2이니, 신은(新恩)과 금제(金蹄)이다.

〈조선왕조실록, 태백산사고본〉

천안전씨 세계도(天安全氏 世系圖)

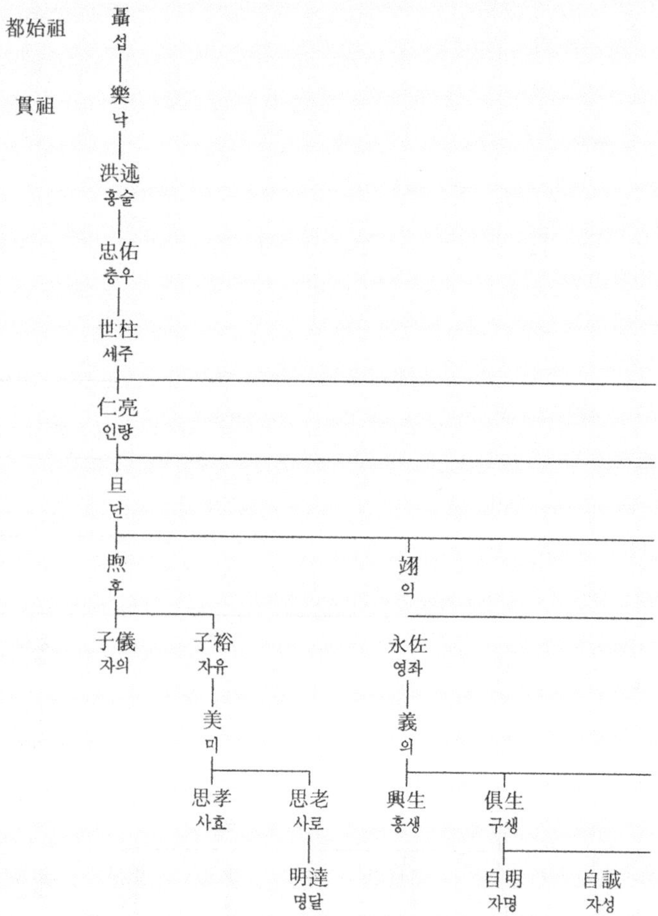

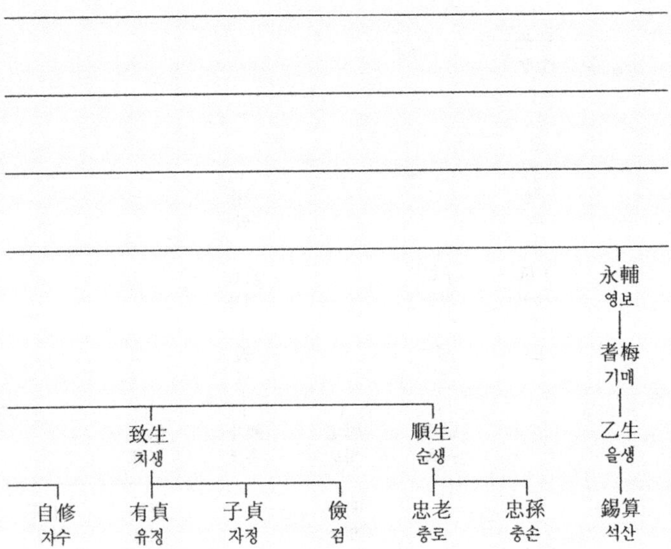
永輔
영보
耆梅
기매
致生
치생
順生
순생
乙生
을생
自修
자수
有貞
유정
子貞
자정
儉
검
忠老
충로
忠孫
충손
錫算
석산

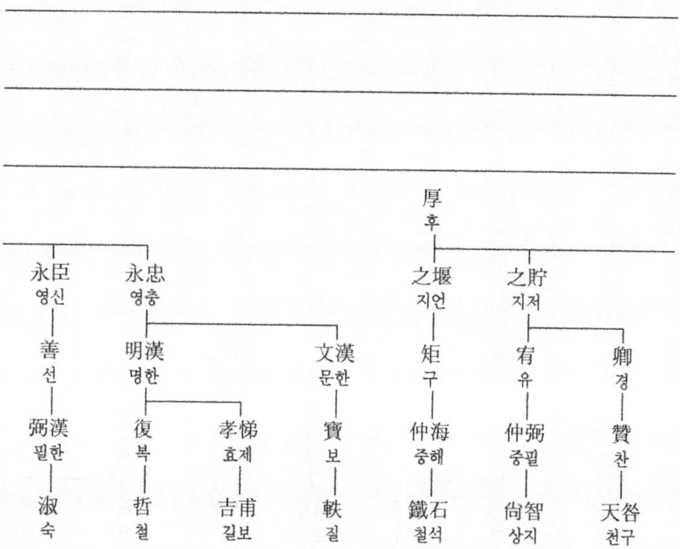
厚 후
永臣 영신
永忠 영충
之堰 지언
之貯 지저
善 선
明漢 명한
文漢 문한
矩 구
宥 유
卿 경
弼漢 필한
復 복
孝悌 효제
寶 보
仲海 중해
仲弼 중필
贊 찬
淑 숙
哲 철
吉甫 길보
軼 질
鐵石 철석
尙智 상지
天咎 천구

천안전씨(天安全氏)

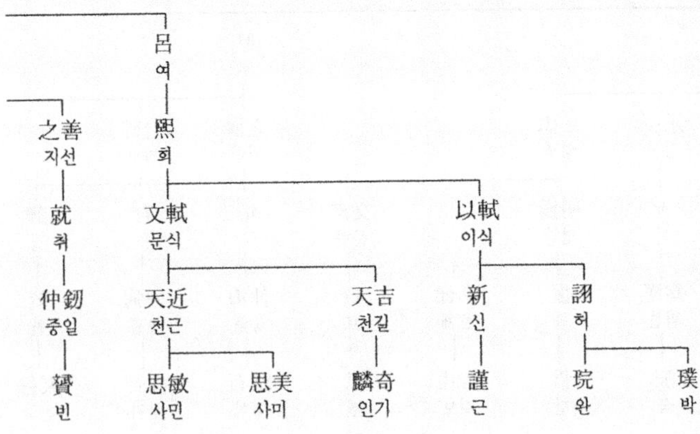
呂 여
之善 지선
熙 희
就 취
文軾 문식
以軾 이식
仲鎰 중일
天近 천근
天吉 천길
新 신
詡 허
贇 빈
思敏 사민
思美 사미
麟奇 인기
謹 근
琓 완
璞 박

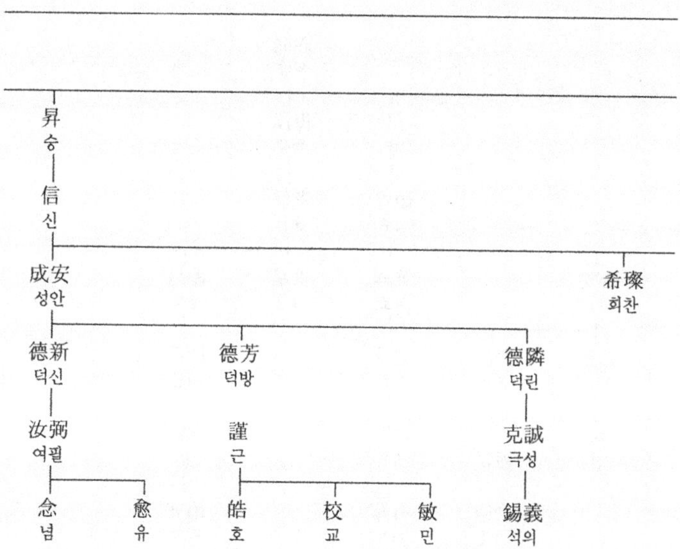
昇
승
信
신
成安
성안
希璨
회찬
德新
덕신
德芳
덕방
德隣
덕린
汝弼
여필
謹
근
克誠
극성
念
념
愈
유
皓
호
校
교
敏
민
錫義
석의

- 義亮 의량
  - 得江 득강
    - 孝信 효신
      - 世昌 세창
      - 孟昌 맹창
        - 世任 세임
          - 逸 일
            - 德守 덕수
- 旵 참
  - 碩胄 석주
    - 英祚 영조
      - 益謙 익겸
        - 命賢 명현
          - 有漸 유점
- 希安 희안
  - 允藏 윤장
    - 新 신
  - 允昌 윤창
    - 新民 신민
      - 仁德 인덕

천안전씨 항렬표(天安全氏 行列表)

世	五十六									
行列	무(茂)	영(永)	장(章)	병(炳)	식(植)	광(光)	진(鎭)	해(海)	달(達)	규(奎)
世	五十七									
行列	범(範)	영(榮)	진(鎭)	갑(甲)	화(火)	목(木)	시(始)	수(秀)	왕(王)	재(在)
世	五十八									
行列	상(庠)	병(炳)	기(淇)	희(熙)	중(中)	영(榮)	근(根)	유(裕)	해(海)	호(鎬)
世	五十九									
行列	재(宰)	규(圭)	식(植)	재(載)	철(喆)	홍(洪)	기(基)	수(秀)	해(海)	
世	六十									
行列	정(廷)	용(鎔)	대(大)	일(鎰)	호(鎬)	종(鍾)	철(喆)	유(裕)	식(植)	
世	六十一									
行列	옥(沃)	수(洙)	용(用)	용(溶)	락(洛)	호(鎬)	종(鍾)	기(基)	병(炳)	
世	六十二									
行列	주(胄)	규(圭)	수(洙)							

천안전씨 주요 인물(天安全氏 主要人物)

고려시대 인물(高麗時代 人物)

전홍술(全洪述)

고려(高麗) 때 문하시랑평장사(門下侍郎平章事)를 역임하였으며, 영산군(寧山君)에 봉해졌다. 시호(諡號)는 무민(武敏)이다.

전충우(全忠佑)

고려(高麗)에서 문하시랑평장사(門下侍郎平章事)에 이르렀으며, 환계군(歡溪君)에 봉해졌다. 시호(諡號)는 충숙(忠肅)이다.

전세주(全世柱)

고려(高麗) 때 태상시 소경(太常寺少卿)을 지냈다. 시호(諡號)는 문정(文靖)이다.

전인량(全仁亮)

1211년(희종 7) 문과에 급제한 후 한림학사(翰林學士)를 거쳐 우의정(右議政)에 이르렀으며, 송나라에 사신(使臣)으로 가서 은자광록대부(銀紫光祿大夫)로 이부상서(吏部尚書)에 제수

(除授)되었고 환국(還國) 후 천양군(天陽君)에 봉해졌다. 시호(諡號)는 무절(武節)이다.

전 단(全 旦)

1239년(고종 26) 이부시랑(吏部侍郞)을 거쳐 판공부 상서(判工部尙書)에 이르렀으며, 영평군(寧平君)에 봉해졌다.

전 승(全 昇)

?~1302년. 전인량(全仁亮)의 아들로 태어났다. 원종 때 문과에 급제하였고, 1297년(충렬왕 23) 우부승지(右副承旨)가 되었다. 이듬해 충선왕(忠宣王)이 잠시 집권한 동안 승문관학사(崇文館學士), 병조상서(兵曹尙書)와 우부승지(右副承旨)를 지냈다. 충선왕이 즉위한 후 인사행정을 담당해오던 정방(政房)을 폐지하여 한림원(翰林院)에 합치는 등 전면적인 관제개혁을 실시하였는데, 이때 전승도 승지로서 개혁에 참여하였다.

이후 좌부승지(左副承旨), 판비서시사(判秘書寺事), 보문각직학사(寶文閣直學士)를 거쳐 1300년(충렬왕 26) 지공거(知貢擧)에 임명되어 과거를 주관하였다. 다시 지밀직사사, 판도판서, 문한학사, 승지를 거쳐 1302년 밀직사에 올랐다.

시호(諡號)는 문충(文忠)이다.

전 참(全 昆)

고려(高麗) 때 문하시랑평장사(門下侍郞平章事)에 이르렀다.

전 후(全 煦)

고려(高麗)에서 판결사(判決事)를 지냈다.

전 익(全 翊)

고려(高麗)에서 대제학(大提學)을 역임하였다.

전 후(全 厚)

삼재(三宰) 좌참찬(左參贊)을 지냈다.

전 여(全 呂)

고려(高麗) 때 두평군(兜平君)에 봉해졌다. 시호(諡號)는 강숙(康肅)이다.

전 신(全 信)

1276년(충렬왕 2)~1339년(충숙왕 복위 8). 자는 이립(而立), 호는 백헌(栢軒)이다.

밀직부사(密直副使) 승(昇)의 아들로 태어나 음서로 벼슬에 나아가 내의직장(內衣直長)에 임명되었으며, 1301년(충렬왕 27) 문과에 급제하였다. 이후 숭경부승(崇慶府丞), 정방관(政房官), 비서랑에 오르고 1304년 국학직강(國學直講), 1307년 안동부 판관을 역임하고, 1309년(충선왕 1) 전의부령(典儀府令), 1311년 김해부사, 1314년(충숙왕 1) 사헌장령, 선부의랑(選部議郞)을 차례로 역임하였다.

1317년 보문각 제학에 오르고 1319년 계림부윤, 1321년 복주목사(福州牧使)를 지낸 뒤 면직되었다가 1330년(충혜왕 즉위) 감찰대부 진현관대제학 상호군(監察大夫進賢館大提學上護軍)에 올랐고, 다음해 동지밀직사사 상의 회의도감사(同知密直司事商議會議都監事)가 된 뒤 1332년(충숙왕 복위 1) 사직했다.

그는 성품이 엄격하고 근면하였으며, 3대의 왕을 섬기며 내외직을 두루 역임하였으나 청렴하여 산업에 뜻을 두지 않아 언제나 집이 가난하였다. 또한 학문을 즐겨 당대의 성리학자인 백이정(白頤正), 김제안(金齊顔), 이제현(李齊賢) 등 현사들과 깊은 교분을 쌓았다. 또한 최해(崔瀣)와도 친교가 있었으므로 그의 묘비문을 썼다.

충청남도 천안의 검계서원(儉溪書院)에 봉향되었으며, 시호는 문효(文孝)이다.

전영좌(全永佐)

고려조(高麗朝)에 공조전서(工曹典書)를 역임하였다.

전 희(全 熙)

고려(高麗) 때 직제학(直提學)을 지냈다.

전성안(全成安)

고려(高麗)에서 수원부사(水原府使)를 역임하였다.

전 의(全 義)

고려조(高麗朝)에 감찰(監察)에 이르렀다.

전희안(全希安)

고려(高麗) 때 사헌부 지평(司憲府持平)을 지냈다.

전문식(全文軾)

호는 도은(都隱), 시호(諡號)는 문평(文平)이다. 고려(高麗) 때 정당문학(政堂文學)을 역임하였다.

전덕방(全德芳)

전서(典書)를 역임하였다.

전윤장(全允藏)

고려의 문신. 천안군 삼태리에서 태어났는데, 이곳은 고려조에서만 3명의 정승 전성안(全成安), 이승인(李崇仁), 전윤장(全允臧)이 태어났다고 하여 지금도 삼태리로 불리고 있다.

충숙왕조에 출사하여 충혜왕, 충목왕, 충정왕, 공민왕까지 5대에 걸친 고려말 혼란기에 국사를 위하여 일하였는데, 원나라의 부당한 간섭을 교묘하게 대처하고, 특히 충혜왕이 복위되도록 힘썼다.

1342년(충혜왕 복위 3) 조적(曺頔)이 반역을 꾀하였을 때 상호군(上護軍)으로서 왕을 시종한 공으로 2등공신이 되었다.

1343년에 우상시(右常侍)에서 서해평양도 순위사(西海平壤道巡尉使) 가 되었다가 1347년(충목왕 3)에 동지밀직사사(同知密直司事)로 교주도도순문사(交州道都巡問使)가 되어 쌍성(雙城)의 인구를 조사하였다. 1348년 첨의평리(僉議評理)에 오르고, 1349년(충정왕 1) 뒤의 공민왕이 된 강릉대군(江陵大君)이 원나라에 가는 길 호종한 공으로 1351년(공민왕 즉위년)에 첨의찬성사(僉議贊成事)에 임명되었다. 이 후 문하시중(門下侍中)에 올랐다.

전천근(全天近)

대사헌(大司憲)을 역임하였다.

전신민(全新民)

호는 서은(瑞隱)이며, 처부는 대사간(大司諫) 박팽우(朴彭佑)이다.

고려 공민왕(恭愍王) 때 북도안무사 겸 병마원수(北道按撫使兼兵馬元帥)를 거쳐 병부상서(兵部尙書)를 역임하였다.
포은(圃隱) 정몽주(鄭夢周)가 선죽교(善竹橋)에서 살해되고 고려가 망하자 두문동(杜門洞) 72현(七十二賢)과 함께 두 나라를 섬기지 않을 것을 다짐하며 은거하였다. 태조(太祖) 이성계(李成桂)가 여러 차례 불렀으나 나아가지 않고 아침마다 조복(朝服)을 입고 송도(松都)를 향하여 곡을 하고 절을 하였다.

그리고 서석산(무등산)에 낙향하여 여생을 마쳤는데, 전라남도

담양군(潭陽郡) 남면(南面) 연천리(燕川里) 산음동(山陰洞)에 정자를 짓고, 이백(李白)의 "백이숙제는 누구인가, 홀로 서산에서 절개를 지키다 굶어죽었네(夷齊是何人 獨守西山餓])" 라는 시(詩) 구절에서 이름을 따와 '독수정(獨守亭)' 이라 지었다.

현재의 독수정은 1891년(고종 28) 후손에 의해 재건된 것으로, 1915년과 1972년에 중수되어 지금에 이르고 있다. 정자 건물은 변형되어 정자 주변의 원림(園林)만 지방기념물로 지정되어 있다.

조선시대 인물(朝鮮時代 人物)

전사민(全思敏)

지중추부사(知中樞府事)에 이르렀다.

전 근(全 謹)

군수(郡守)를 지냈다.

전 교(全 晈)

군수(郡守)를 역임하였다.

전 염(全 念)

곡산부사를 역임하였다.

전 호(全 皓)

동래부사(東萊府使)를 역임하였다.

전순도(全順導)

평창현령(縣令)을 지냈다.

전인귀(全仁貴)

지전의감 호군을 지내고 정난원종공신 3등에 책록되었다.

전순의(全循義)

세종·문종·세조의 3조(朝)에 걸쳐 전의감(典醫監)의 의관을 지냈는데, 1445년(세종 27) 왕명에 따라 김문(金汶), 신석조(辛碩祖), 김수온(金守溫) 등과 더불어 《의방유취(醫方類聚)》(365권)의 편찬을 완성한 데 이어 1447년에는 김의손(金義孫)과 함께 《침구택일편집(鍼灸擇日編集)》을 엮었다. 세종이 죽자 그의 직첩이 회수되어 전의감 서원(書員)으로 강직되었다가 곧 해제되었으며, 1452년(문종 2) 내의로서 밀성군(密城君)의 병을 고쳐 안마(鞍馬)의 상을 받았다. 그러나 이해 5월 문종의 종양을 절개수술하였으나 곧 문종이 죽음으로써 의금부에 하옥되어 전의감 청직(廳直)으로 강등되었다가 단종이 즉위하자 석방되었다.

1462년(세조 8)에 행첨지중추원사를 거쳐 동지중추원사로 승진되고, 1463년에 내의로서 입시, 의약(議藥)하고, 비현각(丕顯閣)에서 의학을 시강하였다. 이듬해 시약(侍藥)의 공로로 자헌대부(資憲大夫)에 가자되고 1467년 내의로 상호군에 이어 좌익원종공신(佐翼原從功臣) 1등에 녹선되었다.

저서로는 《식료찬요(食療纂要)》(1권)와 김의손(金義孫)과의 공저인 《침구택일편집(鍼灸擇日編集)》(1책), 《산가요록(山家要錄)》이 있다.

전구생(全俱生)

자는 성태(聖泰), 호는 석천(石泉)이다. 광주목사(光州牧使)를 역임하였다.

전순생(全順生)

자는 경순(敬順), 호는 우제(愚齊)이다. 등과 후 오위부 사정(五衛府司正)을 거쳐 담양부사(潭陽府使)를 역임하였다.

전중해(全仲海)

무과에 등과 후 평산 도호부사(平山都護府使), 황해도 병마절제사(黃海道兵馬節制使)를 거쳐 특명권 농사를 역임하고 환도제조기준을 정했다.

전상례(全尙禮)

태안현감(泰安縣監)을 지냈다.

전자명(全自明)

상주목사(尙州牧使)를 역임하였다.

전 찬(全 贊)

관상감재(상지관)을 지냈다.

전자완(全自完)

병마우후(兵馬虞候), 영해부사를 역임하고, 정난원종공신2등에 책록되었다.

전철석(全鐵石)

오위호군(五衛護軍)을 지냈다. 정난원종공신 3등에 책록되었다.

전계원(全繼元)

상호군(上護軍), 첨지중추부사(僉知中樞府事), 절충장(折衝將)을 역임하였다. 정난원종공신 2등에 책록되었다.

전유손(全有孫)

홍문관 박사(弘文館博士)를 역임하였다. 정난원종공신 3등에 책록되었다.

전유선(全有先)

담양현감(潭陽縣監)을 지냈다. 정난원종공신 2등에 책록되었다.

전영수(全寧壽)

군수(郡守)를 역임하였다. 정난원종공신 2등에 책록되었다.

전사민(全思敏)

공조판서(工曹判書)를 역임하였다.

전사미(全思美)

지중추부사(知中樞府事)를 역임하였다.

전사례(全思禮)

세조(世祖) 때 목천선공록사 재임 중(79세) 천안 혹은 온양으로 천도하는 상소를 하였다.

전극례(全克禮)

호는 낭헌(浪軒)이다. 호조판서(戶曹判書)를 역임하였다.

전자온(全自溫)

호는 송당(松堂)이다. 사간(司諫)을 지냈다.

전자양(全自讓)

호는 죽헌(竹軒)이다. 사직(司直)을 역임하였다.

전충제(全忠悌)

수군절도사(水軍節度使)를 역임하였다.

전계종(全繼宗)

자는 백윤(伯胤), 호는 규암(葵菴)이다. 전라북도 진안(鎮安)에서 전찬(全瓚)의 아들로 태어났다.

쌍첨(雙尖) 이인현(李仁賢)을 사사하였다. 효성이 지극하여 어버이가 병으로 위독하자 손가락을 잘라 피를 먹여 연명시켰고, 장례는 예절에 벗어남이 없었으며 3년을 시묘하였다.

세태가 어지럽고 풍속이 무너짐을 개탄하여 관덕정(觀德亭)을 짓고 백록동(白鹿洞)의 학규(學規)와 남전여씨(藍田呂氏)의 향약으로 풍속을 바로잡았다.

시강원 습독(侍講院習讀)을 역임한 후 고향으로 돌아와 후학을 양성하였다. 이후 임진왜란이 일어나자 유사성(柳士誠), 송대홍(宋大弘) 등과 함께 싸우다가 순절(殉節)하였다.

인조 때 공조참의(工曹參議)에 추증(追贈)되었고, 최양(崔瀁), 이인현, 이정란(李廷鸞)과 함께 전라북도 진안군 마령면(馬靈面) 강정리(江亭里)의 영계서원(靈溪書院)에 배향되었다.

전경상(全景祥)

호는 송포(松圃)이다. 조선 때 감찰(監察)을 지냈다.

전몽성(全夢星)

1561년~1597년. 자는 응상(熊祥)이다. 전라남도 영암에서 태어났다. 1583년(선조 16) 별시무과에 병과로 급제하여 선전관, 구기사 주부 등을 지냈다. 임진왜란 때 초토사 고경명(高敬命) 아래서 금산싸움에 참전하였으며, 순찰사 이광(李洸)의 비장이 되어 활약하였다. 이후 함평현감, 이성현감 등을 역임하였다. 1596년 정유재란이 일어나자 동생 전몽진(全夢辰), 첨사 김덕흡(金德洽) 등과 함께 의병을 일으켜 경상도 지역을 방어하였다.

이듬해 영암의 해암포(海岩浦) 싸움에서 화살이 떨어지자, "나라의 적을 무찌르는 것은 신하의 도리이다." 하고 크게 외치고는 적진으로 뛰어들어 숨졌다. 숙종(肅宗) 때 병조참의에 추증되었으며, 영암의 장동사(長洞祠)에 배향되었다. 1898년 전몽성·전몽진 형제의 충절을 기리기 위해 전라남도 영암군 서호면에 건립된 전씨충효문(全氏忠孝門)은 현재 전라남도기념물 제71호로 지정되어 있다.

전방삭(全方朔)

1575년~1623년. 자는 일진(日進), 호는 규암(葵菴)이다.

명종 때 장흥도호부사(종3품)를 지낸 윤부(潤富)의 아들로 보성읍 우산리 택촌에서 1545년(인종 1)에 태어났다.

기품은 웅대하며 호탕하였고 유년시절 일찍이 활을 쏘고 말타는 것을 일삼아 산천경기에 매료되어 있었다. 공은 학문과 전술연마로 1575년(선조 8) 무과에 급제하여 훈련원에 근무하였으며, 1592년에는 훈련원 부정 건공장군(建功將軍)이 되었다. 1592년(선조 25) 4월에 정명가도(征明假道)를 빙자하여 왜군 20만 여 명이 부산포에 상륙 5월에는 한양이 함락 당했고, 6월13일에는 평양까지 왜군에게 점령당하였다. 그는 1592년 5월8일 적진포해전 이순신 장군 막하에서 군사를 돕고 적을 무수히 베어 대소 해전에서 승리를 거두었다.

왜군과의 전투가 차츰 소강상태에 접어들자 그는 고향땅 보성 택촌에 들려서 자택의 쌀 50석을 의병의 군량 곡으로 헌납하니 일가친척은 물론이요, 동네방상에 이르기까지 우국충정에 감동하였으며, 잡곡을 합쳐 1백석을 모아 헌납하니 남해도 청장년들이 공을 따랐다. 그리고 왕세자 광해군을 호종하면서 전라병사 이광악과 보성군수 전백옥을 찾아 근왕병소모(勤王兵召募) 및 군량미를 보급하는데 심혈을 기울려주기를 당부했다. 그는 왕세자 광해군을 호종하면서 전주지방 순회 시 유언하기를 "소신은 고향 땅에 잔류하여 의병을 모아 지리 지형을 이용하여 전술을 연마하며 조직전열을 가다듬고자 하오니 윤허(允許)하여 주시기 간청 하옵니다." 라고 진언하자, 왕세자 광해군이 기뻐하며 허락하였다. 이와 같은 사실이 고향 보성에 전해져 우국충정 열혈청장년 삼백 여 명이 그를 찾아 모여들었고 불철주야 전술연마하고 조직전열을 가다듬었다.

1597년(선조 30)에 정유재란이 발발했을 때, 왜군 우끼다히데이에(宇喜田秀家)가 이끄는 1만 3천명이 남원성을 함락하고 여세를 몰아 남도로 진입하였다. 또한 소서행장(小西行長)이 5만 대군을 지휘하여 노량전투를 감행하니 조국운명이 백척간두 풍전등화(百尺竿頭風前燈火)에 처해 있었다. 이때 그가 지휘하는 의병부대를 비롯하여 송대림, 최대성, 김덕방, 황원복 등 제장들이 지휘하는 의병들이 육해전에 용명하게 참전하여 많은 전과를 올렸다.

특히 보성, 순천, 광양 등지에 20여회 크고 작은 전투를 전개하여 공이 지휘하는 의병들이 도처에서 명성을 떨쳤다. 1597년(선조 30) 보성 예당에 침입한 적을 섬멸했고, 고흥 망주포 연안에 10여척 왜군이 나타났다는 정보를 입수하고 출병하여 침입한 왜적도 격멸하였다. 고흥 첨산전투에서도 많은 왜적의 수급(首級)을 베기도 했다.

또한 벌교포, 영등포, 장암포, 대포에 상륙하는 왜적도 격퇴시켰다. 1598년(선조 31) 7월에 보성군수 전백옥 종친과 더불어 죽전벌판(오봉산과 군머리 사이)에서 벌떼처럼 몰려오는 우끼다히데이에의 왜군을 맞아, 그는 홀로 큰 기둥처럼 마상에 우뚝 앉아서 병사를 지휘하고 용전분투하였다. 당시 전투는 왜군의 조총소리, 그의 막하병사와 군마들의 울부짖음, 의병과 왜군들의 시신으로 그는 피바다로 변한 죽전벌은 지옥의 아수라장이었다. 이날 전투에서 공은 선두에서 지휘하여 대승을 거두었으나, 하늘도 무심하여 왜군의 조총에 맞아 장렬히 순절하게 되니, 그때 향년 54세였다.

1600년(선조 33) 왕은 그의 충절을 가상히 여겨 선무원종공신 2등에 녹훈하고 훈련원정 어모장군으로 추증하였으며, 충절을 후세에 남기고자 선무원종공신의 녹권을 후손에 하사하였다. 그는 살아서는 어진 장수였으며, 죽어서는 충신이 되었다. 남도사람에게 사랑을 끼침이 장군의 공훈이 더욱 값지도다. 순절 후 보성군 득량면 학동촌 뒤 효죽봉 밑 청방산에 모셔졌으며 석의(石儀)가 있다.

아들 훈련원 판관 전홍례(全弘禮)는 그가 왜적을 대파한 의병의 근거지(根據地)인 영등포에 영등마을을 설촌했다. 벌교읍 영등마을에 있는 충효사(忠孝祠)에는 장군의 위패(位牌)가 모셔져있다.

1926년 일제는 전라좌수영을 지키고 장렬히 순절한 장군의 후손을 몰락시키고, 장군의 유물을 없애기 위해 후손의 집에 불을 질러 장군의 흔적을 없애는데 안간힘을 쓰기도 했다. 후손들은 장군의 충절을 기르기 위해 해마다 추모제를 올리고 있다.

전응심(全應諶)

1568년~1608년. 자는 청담(淸潭)이다. 문과에 급제 후 구례, 결성현감과 승문원 정자(承文院正字)를 역임하였다.

전 한(全 漢)

호는 경한. 오위도총부(五衛都摠府) 부장(部將)을 역임하였다.

전라인(全羅仁)

호는 운강(雲岡)이다. 가선대부(嘉善大夫) 선무랑(宣務郞), 승정원 주서(承政院主書)를 역임하였다.

전선중(全善重)

호는 중산(重山)이다. 이조참의(吏曹參議)를 지냈다.

전상의(全尙毅)

전용(全蓉)의 아들이다. 선조(宣祖) 8년 (1575)에 지금의 광주광역시 서구(西區) 구동(龜洞)에서 전용(全蓉)의 아들로 태어났다. 어려서부터 용력과 무술이 남달리 뛰어나 선조36년(1603)에 29세때 무과(武科)에 급제하여 선전관(宣傳官)을 첫 벼슬로 내외 관직을 역임하였다.

광해군(光海君) 9년 (1617) 오윤겸(吳允謙)과 함께 회답사(回答使)로 일본(日本)에 건너가 임진왜란(壬辰倭亂)때 끌려간 동포 150여명을 귀국시키는데 공을 세우고, 내금위(內禁衛) 예차(預差) 및 어모장군(禦侮將軍)을 봉직하였다. 인조(仁祖) 3년 (1625) 구성도호부사(龜城都護府使) 겸(兼) 좌영장(左營將)이 되어 흐트러진 관아를 정비하고 변방 방어에 극력 대비하였다. 인조 5년(1627) 1월 청의 3만 대군이 쳐들어와 의주(義州)를 점령하고 물밀 듯이 남으로 안주(安州), 평양(平壤)을 거쳐 황주(黃州)에 이르렀다. 그는 평안도병마절도사 남이흥(南以興), 안주목사 김준(金浚)과 더불어 야인을 격퇴하기 위해 안주성의 백상루(百祥樓) 밑에 군졸로 포진하였다. 적병이 가까이 오자 일시에 공격하여 승리하는 듯 했으나 야인이 전열을 가다듬어 대군으로 다시 침범하여 장병들이 죽음을 각오하고 싸웠으나 진영이 적에게 함락되어 남이흥과 김준이 전사하였다. 또한 군량이 고갈되고 원병이 오지 않자 모든 장병과 함께 죽기를 결의하고 누상에 올라 적을 맞아 싸우다 전사하였다.

5일간 분전하다가 53세를 일기로 장렬히 순절(殉節)하니 적장(敵將)들도 충신(忠臣)의 죽음을 애통해 하였다 한다. 난이 끝난 후 2월 7일 자헌대부(資憲大夫) 병조판서(兵曹判書) 겸(兼) 지의금부사(知義禁府事)에 추증(追贈)되고, 이어서 안주로부터 그의 출생지인 광주(光州)로 시신(屍身)을 옮기며 동년(同年) 7월 26일 이곳에서 서쪽으로 보이는 평두산(平頭山)에 예장(禮葬)하였다.

숙종(肅宗) 8년(1682) 장군의 충절(忠節)을 기리기 위하여 전몰지(戰歿地)인 안주의 충민사(忠愍祠)에 받들게 하고, 동(同) 10년(1684) 에는 충신정려(忠臣旌閭)를 명하였다. 헌종(顯宗) 15년(1849) 광주의 경렬사(景烈祠)와 제주(濟州)의 귤림서원(橘林書院)에도 배향(配享)되었었으나 고종(高宗) 5년(1868) 서원철폐령(書院撤廢令)에 의하여 헐리게 되었다. 본 사당(祠堂) 건물은 유적 정화사업으로 1982년 8월28일 착공하여 1985년에 완공하였다.

병조판서에 추증되었으며, 1684년(숙종 10) 안주의 민충사(愍忠祠), 광주의 경렬사(景烈祠), 제주의 귤림서원(橘林書院) 등에 제향되었다. 1903년(광무 7) 청원군 북일면 구성리(九城

里)에 충신각(忠臣閣)을 세웠다.

전동흘(全東屹)

자는 사탁(士卓)이고, 호는 가재(佳齋)이다. 1651년(효종 2) 무과에 급제하였다. 용맹이 뛰어나 당시 북벌을 추진하던 효종의 눈에 들어 중용되었으며, 여러 관직을 거쳐 1656년(효종 7) 평안도 철산부사를 지냈다. 이상진(李尙眞)·소두산(蘇斗山)과 함께 3걸로 불렸다. 전하는 말로는 그가 부사로 있을 당시 억울하게 죽은 장화(薔花)·홍련(紅蓮)의 혼령을 만나 그들의 원한을 풀어주었다고 한다. 1662년(현종 3) 고부군수(古阜郡守)로 있을 때 환적곡(還糴穀)을 허위로 적어낸 죄로 벌을 받았다. 1664년(현종 8) 전라남도우수사에 임명되고, 이듬해에는 경상남도좌병사로 부임하여 폭탄의 재료가 되는 유황석 1천여 근을 제련해 비축하였다. 1672년(현종 13) 황해도병마절도사를 거쳐 1673년 함경도남병사에 임명되어 이후 4년간 봉직하였다. 1676년(숙종 2) 함경남도병마절도사로 있으면서 군향(軍餉)의 환자곡(還子穀) 7,706석을 탕감해주어 칭송을 들었다. 이후 총융사와 포도대장을 역임하였다.

전응종(全應鍾)

자는 성원(聖遠), 호는 용재(庸齋)이다. 1636년(인조 14) 병자호란(丙子胡亂) 때 공(功)을 세워 동지중추지사(同知中樞知事)를 역임하였다.

전응정(全應禎)

자는 길보(吉甫)이다. 조선(朝鮮) 때 감찰(監察)을 지냈다.

전성유(全聖兪)

자는 유중(柔仲)이다. 조선(朝鮮) 때 영장(營將)에 이르렀다.

전순좌(全舜佐)

자는 경원(景元)이다. 조선(朝鮮) 때 군수(郡守)를 역임하였다.

전순원(全舜元)

자는 여원(汝元)이다. 조선조(朝鮮朝)에 부사(府使)를 역임하였다.

전기윤(全基允)

자는 형중(衡中), 호는 율재이다. 첨지중추부사(僉知中樞府事) 오위장(五衛將)을 역임하였다.

전극공(全克恭)

보명(譜名)은 윤상(胤祥)이고, 자는 내성(乃成)으로 정읍시 입암면 연월리 압곡(笠岩面 蓮月里 鴨谷) 출생이다. 아버지가 산골짜기에서 보리를 거두다가 호랑이에게 물려가자 이제 10세 된 전극공은 사촌형수인 평산신씨(平山申氏)와 크게 외치며 쫓아 아버지를 구출했다.

이 사실이 조정에 알려져 1476년(成宗7년) 명정(命旌)이 내리고 통정대부(通政大夫)의 벼슬을 내렸다. 정읍(井邑), 대성문(大成門) 밖에 정려(旌閭)를 세웠다. 大成門 夫詳이나 그 旌閭는 長明洞(東初等校앞)에 있었는데 1968년대에 헐리웠다가 복원되었다.

전사용(全思用)

천안전씨(天安全氏) 정려비각이 있다.

전봉준(全琫準)

1855~1895. 초명은 명숙(明叔)이며, 녹두장군(綠豆將軍)이라는 별칭으로 잘 알려져 있다. 조선 말기인 1855년(철종 6) 전라북도 태인(泰仁)에서 태어났다. 아버지가 민란의 주모자로 처형된 후부터 사회개혁에 대한 뜻을 품게 되었다. 30여세에 동학에 입교하여 고부접주(古阜接主)로 임명되었고, 은거중인 흥선대원군과도 접촉하여 국정개혁에 대한 의견을 교환하였다.

1892년(고종 29) 고부군수로 부임한 조병갑(趙秉甲)이 농민들로부터 과중한 세금을 징수하고 양민의 재산을 갈취하는 등 탐학(貪虐)을 자행하고 만석보(萬石洑) 밑에 다시 보를 축조, 불법으로 700섬의 수세(水稅)를 징수하였다. 이에 농민 대표와 함께 그 시정(是正)을 진정하였으나 거부당하자 1894년 1월 1000여 명의 농민과 동학교도를 이끌고 관아(官衙)를 습격, 무기를 탈취하고 강탈당하였던 세곡(稅穀)을 농민에게 배분하고 부패한 관원들을 감금하였다.

이 보고를 받은 정부는 조병갑 등 부패한 관리를 처벌하고 이용태(李容泰)를 안핵사로 보내어 사태를 조사·수습하도록 하였으나 민란의 책임을 동학교도에게 돌려 체포·투옥·살해하고 가옥을 파괴하는 등 동학교도 탄압과 탐학을 자행하였다.

이에 다시 보국안민(輔國安民)의 기치를 내걸고 인근 각지의 동학접주들에게 통문을 보내어 궐기할 것을 호소하였다. 고부에 인접한 태인(泰仁)·무장(茂長)·금구(金溝)·정읍(井邑)·부안(扶安) 등지의 동학교도와 농민들이 이에 호응하여 봉기하였으며, 8000여 명이 고부 백산(白山)에 모여 제폭구민(除暴救民)·진멸권귀(盡滅權貴)·축멸왜이(逐滅倭夷)를 내세우고 금구·부안을 점령하였다. 이어 전주를 향하여 진격하여 황토현(黃土峴)에서 관군을 격파하고 정읍·고창·무장 등지까지 장악한 뒤 4월 28일 전주를 점령하였다.

그러나 정부의 요청으로 청나라 군대가 인천에 상륙한데다가 톈진조약[天津條約]을 빙자하여 일본 군대도 입국하여 국가의 운명이 위태롭게 되자, 양호초토사(兩湖招討使) 홍계훈(洪啓薰)의 선무(宣撫)에 응하기로 결정하고 탐관오리 응징, 노비 해방, 토지균분제 실시 등 12개 조목의 시정개혁(施政改革)에 대한 확약을 받고 휴전하였다.

이후 전라도 지방에 집강소(執綱所)를 설치하여 동학의 조직 강화에 힘쓰고 도정(道政)에 참여하여 감시하였으나 근본적 시정개혁이 실현되지 않음에 따라 재궐기를 계획하던 중 청일전쟁의 우세를 이용하여 침략행위를 노골화하는 일본의 행태에 격분하여 다시 봉기하였다.

남도접주(南道接主)로서 12만의 농민군을 지휘하였으며, 북도접주(北道接主) 손병희(孫秉熙)의 10만 농민군과 연합하여 교주(教主) 최시형(崔時亨)의 총지휘하에 구국(救國)의 대일본전(對日本戰)을 시작하였다. 항쟁의 규모는 한때 중부·남부 전역을 비롯하여 함경남도와 평안남도까지 확대되었으나 근대적 무기와 화력을 앞세운 일본군과 관군의 반격에 패배를 거듭하다가 공주(公州) 우금치전투에서 대패하였다.

이로써 패색이 짙어지자 농민군을 해산하고 순창(淳昌)에 은신하여 동지 손화중(孫化仲)·김덕명(金德明)·최경선(崔慶善) 등과 재거(再擧)를 모의하던 중 부하였던 김경천(金敬天)의 밀고로 12월 2일 체포되어 서울로 압송된 뒤 1895년 교수형을 당하였다.

전수용(全垂鏞)

1879년 음력 10월 18일~1910년 음력 7월 18일). 구한말의 의병장으로 자 기홍(基洪), 호 해산(海山)이다. 아호가 해산(海山)이라 종종 전해산으로도 불린다.

전라북도 임실 출생으로 몰락한 양반 가문에서 태어났다. 곽종석의 제자인 이한룡의 문하에서 한학을 공부하였고, 호남 지방의 유림 세력인 기우만, 기삼연, 오성술, 고광순 등과 교류를 가졌다. 이들은 모두 후에 의병 운동에 참가하여 의병장이 되었다.

1905년 을사조약이 체결되자 거병 모의에 가담했다. 위정척사론의 거두인 최익현이 이듬해 임실 인근인 정읍에서 호남 지역 유림들을 규합하여 의병을 일으켰을 때 찾아가 최익현을 만났으나 거사에는 참가하지는 않고 귀향했다. 1907년에도 기삼연이 장성에서 일으킨 의병대에 직책을 맡았으나 활동은 하지 않았다. 그가 의병 운동에 본격적으로 뛰어든 것은 1908년 이석용이 임실과 진안을 중심으로 조직한 창의동맹단에 참모로 참가하면서부터이다.

창의동맹단이 일본군과의 전투에서 연패하면서 그는 기삼연의 장성 의병대에 합류하기로 하고 이석용과 헤어졌으나, 장성에서는 이미 전사한 기삼연을 이어받아 의병대를 이끌고 있던 김태원까지 전사하고 난 뒤였다. 전수용은 남은 병사들을 규합 중이던 오성술과 합류하였고, 여기에 해산된 군인들을 이끌고 한성부에서 내려온 정원집이 가세함으로써 1908년 음력 7월 25일에 대동창의단을 조직하여 대장에 취임했다.

대동창의단은 1909년 5월까지 약 10개월 동안 호남 서남부 지역에서 소규모 유격전을 위주로 활동하였으며, 1908년 겨울에는 호남 지역 의병대의 연합 부대를 구성하여 호남동의단을 창단하기도 했다. 그러나 순종의 의병 해산령과 함께 거듭되는 연패로 인해 전수용은 영광에서 부대 지휘권을 박영근에게 맡기고 뒷선으로 물러나게 되었고, 이후 남원에 숨어 지내다가 조두환의 밀고로 체포되었다. 1910년 대구 형무소에서 교수형으로 처형되었다. 이때 박영근, 심남일, 오성술, 강무경도 함께 사형에 처해졌다. 처형 당한 시신을 수습해 장례를 치를 때 전수용의 부인도 자결한 것으로 전해진다.

1962년 대한민국 건국공로훈장 복장(複章)이 수여되었다.

의병 활동 내역을 기록한 《전해산진중일기(全海山陣中日記)》 가운데 일부가 남아 있다.

팔거전씨 八莒全氏

팔거전씨 연원(八莒全氏 淵源)

시조 및 본관의 유래(始祖 및 本貫의 由來)

팔거전씨(八莒全氏)의 득관조(得貫祖)는 환성군(歡城君) 전섭(全聶)의 25세손인 전원태(全元台)이다. 그는 고려(高麗) 예종조(睿宗朝)에 예의부윤(禮儀府尹)을 지내고, 윤관(尹瓘) 장군과 함께 여진족(女眞族)의 침입을 막아 정벌(征伐)하는 공(功)을 세웠으며, 김부식(金富軾) 등과 함께 서경반적(西京叛賊)을 토벌(討伐)하여 평정(平定)하니 그 공(功)으로 팔거군(八莒君)에 봉(封)해지고 팔거현(八莒縣)을 식읍지(食邑地)로 하사받았다.

씨족사 개요(氏族史 槪要)

팔거군(八莒君) 전원태(全元台)의 아들 전대(全代)는 충목왕조(忠穆王朝)에 전법판서(典法判書)를 지냈으며, 세상을 떠나니 도의교우(道義交友)였던 목은(牧隱) 이색(李穡) 선생이 만사(輓詞)를 택하였다. 손자(孫子)인 전광옥(全光玉)은 고양군수(高陽郡守)를 역임하였으며, 10세손 전응용(全應龍)은 조선(朝

鮮) 선조조(宣祖朝)에 사헌부 지평(司憲府持平), 15세손 전희택(全希宅)은 공조 참의(工曹參議)를 역임하였다.

18세손 전순석(全舜錫) 이후로 후손들이 경북(慶北) 금릉군(金陵郡) 어모면(禦侮面)을 중심으로 선산(善山), 성주(星州) 등지에 산거(散居)하고 있다.

1985년 현재 인구조사(人口調査) 통계에 약 3,100명에 이르고 있다.

본관지 연혁(本貫地 沿革)

팔거(八莒)는 대구광역시 북구에 위치하였던 고려 초기의 지명으로 본래 팔거리현(八居里縣: 仁里)이라 하였다. 757년(신라 경덕왕 16)에 팔리현(八里縣)으로 고쳐서 수창군(壽昌郡: 大邱)의 속현이 되었다. 고려 초에 다시 팔거현(八居縣)으로 고쳤다가 뒤에 거(居)의 음이 전하여 거(莒)로 변하였다. 1018년(현종 9) 경산부(京山府: 星州)에 속하여 별호를 칠곡(七谷)이라 하였다. 1640년(인조 18) 가산(加山)에 산성을 쌓아 도호부(都護府)를 두어 고을 이름을 칠곡(七谷)이라 하였다. 1819년(순조 19) 가산산성에 있던 관아를 평지인 팔거현 옛자리로 옮겨 칠곡읍의 터를 잡게 되었으며, 1981년 칠곡읍 일원이 대구광역시에 편입되었다.

팔거전씨 항렬표(八莒全氏 行列表)

世	二十七	二十八	二十九	三十
行列	학(學)	옥(玉)	순(淳)	윤(胤)
世	三十一	三十二	三十三	三十四
行列	수(守)	건(建)	순(舜)	응(應)
世	三十五	三十六	三十七	三十八
行列	영(英)	정(程)	인(仁)	천(天) 필(弼)
世	三十九	四十	四十一	四十二
行列	성(性)	택(宅)	동(東) 봉(奉)	상(相)
世	四十三	四十四	四十五	四十六
行列	기(基)	석(錫)	호(浩)	환(桓)
世	四十七	四十八		
行列	희(熙) 형(鎣)	우(雨)		

팔거전씨 주요 인물(八莒全氏 主要人物)

고려시대 인물(高麗時代 人物)

전원태(全元台)

1275년~1308년. 충렬왕조(忠烈王朝)에 예의부윤(禮義府尹)을 역임했는데 원나라 합단군(哈丹軍)이 침입하자 이를 물리친 공으로 팔거군(八莒君)에 봉(封)해졌다. 후손들이 팔거(지금의 성주, 칠곡)를 관향(貫鄕)으로 분관지(分貫地)를 삼았다.

전 대(全 代)

1345년~1348년. 자는 경선(敬先)이다. 전법판서(典法判書)를 역임하였다. 후에 작고(作故)하였을 때 목은(牧隱) 이색(李穡)이 만사(輓詞)를 지었는데 "오래도록 내가 다병하였는데 고맙게도 누가 나를 찾았는고. 옛 정을 다시 에울라 하였더니 그 친구 홀연히 먼저 갔네. 구름은 엷고 추색은 담연한데 멀리서 산 넘어 먼동이 트니 서로 갈라짐이 이런 것인가 보구나. 천지 또한 유유히 생각에 잠겼도다." 라고 기술(記述)하였다.

조선시대 인물(朝鮮時代 人物)

전광옥(全光玉)

고양군수(高陽郡守)를 역임하였다.

전수천(全守天)

호조좌랑(戶曹佐郎)을 지냈다.

전응룡(全應龍)

1568년~1608년. 자는 이견(利見)이다.

계공랑을 거쳐 사간원 지평(司諫院持平)을 역임하였다.

전영달(全英達)

자는 일호(一豪), 호는 오은(梧隱)이다. 상록원 판결사를 역임하고 승정원 좌승지(承政院左承旨)로 증직(贈職)되었다.

전종선(全宗善)

1725년~1776년. 자는 순현(舜賢)이다. 사헌부 지평(司憲府持平)을 역임하였다.

전희택(全希宅)

1756년~1802년. 자는 백안(伯安), 호는 계사(桂士)이다.

공조참의(工曹參議)를 역임하였다.

전봉항(全鳳項)

?~1873년. 오위도총부 부총관(五衛都摠府副摠管)을 역임하였다.

전형준(全亨俊)

1841년~1894년. 자는 덕형(德亨)이다. 무과에 급제 후 절충장군(折衝將軍) 부호군(副護軍)을 역임하였다.

전석호(全晳浩)

1862년~1925년. 자는 희준(喜俊)이다. 충훈부 도사(忠勳府都事)를 역임하였다.

전성하(全性夏)

자는 윤경(允卿)이다. 훈련원 도정(訓練院都正)을 지냈다.

전영호(全榮浩)

자는 양오(養五), 호는 미산(美山)이다. 중추부 도사(中樞府都事)를 역임하였다.

성산전씨 星山全氏

성산전씨 연원(星山全氏 淵源) : 星山君 全興系

시조 및 본관의 유래(始祖 및 本貫의 由來)

성산전씨(星山全氏) 득관조(得貫祖)는 시조(始祖) 환성군(歡城君) 전섭(全聶)의 26세손 전흥(全興)이다. 그는 고려(高麗) 고종조(高宗朝) 문과(文科)에 급제하여 좌우헌납(左右獻納)을 지내고 봉익대부(奉翊大夫) 판도판서(版圖判書)에 제수되었으며, 1231년(고종 19)에 몽고난(蒙固亂)이 일어나 원수(元帥) 살예탑(撒禮塔)이 침입하였을 때 기제(其弟)인 황간군(黃澗君) 전익(全翼)과 함께 싸워 공을 세우고 대광(大匡) 벼슬에 올랐다. 그 후 성산군(星山君)에 추봉(追封)되니 후손들이 성산(星山 : 星州)를 관향(貫鄕)으로 삼아 세계(世系)를 이어오고 있다.

시조의 묘는 경기도 장단군(長湍郡) 서면(西面) 대덕산(大德山) 아래 전재리(全齋里) 재궁동(齋宮洞) 감운현(甘雲峴)에 있는데 분단으로 이북(以北)에 속하니, 후손들이 시조의 아들 전대년(全大年), 손(孫) 전신(全信) 삼대(三代)를 강화군(江華郡) 양도면(良道面) 인산리(仁山里) 국사봉(國賜峯) 횡곡후도곡(横谷後道谷)에 설단(設壇)하고 신도비(神道碑)를 세우고, 매년 음력(陰曆) 10월 10일에 향사(享祀)하고 있다.

씨족사 개요(氏族史 概要)

시조의 아들인 전대년(大年)은 전법판서(典法判書)를 지냈으며, 손자(孫子) 전인(全仁)은 중랑장(中郎將), 전의(全義)는 상서(尙書), 전예(全禮)는 좌랑(佐郎), 전지(全智)는 이부상서(吏部尙書) 등을 지냈다. 한편 사와정(謝臥亭) 전신(全信)은 조선 태종(太宗) 잠저(潛邸)당시에 태종과 함께 원천석(元天錫)의 문하생(門下生)으로 병부상서(兵部尙書)에 이르렀으나 고려의 사직이 다하니 강화군(江華郡) 양도면(良道面) 항주동(項州洞)에 은거(隱居)하여 불사이군의 충절을 다하였다. 조선조(朝鮮朝)에 들어와 태종(太宗)이 즉위한 후 여러 차례 천거(薦擧)되었으나 이를 거절하니, 태종이 친히 그의 집을 방문하였으므로 그 마을 이름을 왕방리(王訪里)라 하였고 산(山)을 하사(下賜)하니 국사봉(國賜峯)이라 불리었다.

8세손 전이직(全以直)은 군수(郡守)를 지낸 후 병마첨절제사(兵馬僉節制使)를 거쳐 강화중군(江華中軍)이 되고 정사원종일등공신(靖社原從一等功臣)에 책록(冊錄)되었다. 9세손 전기업(全起業)은 병자호란(丙子胡亂)이 일어나자 의병(義兵)을 모집하여 대검(大劍)과 죽창(竹槍)으로 왜적을 맞아 싸우다가 순절(殉節)함으로써 1752년(영조 28)에 사림(士林)들의 장계(狀啓)로 전답(田畓)을 하사(下賜)받고 충열사(忠烈祠)에 모셔졌다. 8세손 전송(全松)은 상호군(上護軍)을 지내고, 11세손 전기선(全起先)은 부사(府使)를, 12세손 전만웅(全萬雄)은 수군절도사

(水軍節度使) 등을 역임하였다.

사와정(謝臥亭) 전신(全信) 이후로 후손들이 경기도(京畿道) 강화(江華)에 세거(世居)하였으며, 옥천(沃川), 대구(大邱), 청주(淸州), 대전(大田), 원주(原州), 함안(咸安), 울진(蔚珍), 청원(淸原) 등지에 산거(散居)하고 있다.

1985년 인구조사에 의하면 5,469명이 살고 있는 것으로 나타나 있다.

본관지 연혁(本貫地 沿革)

세종실록지리지(世宗實錄地理志) : 성주목(星州牧)

본디 본피현(本彼縣)인데, 경덕왕이 이름을 신안(新安)으로 고치고, 성산군(星山郡)의 영현(領縣)을 삼았고, 신라 말기에 벽진군(碧珍郡)으로 고쳤다. 고려 태조 23년 경자에 경산부(京山府)로 고쳤다가, 경종(景宗) 6년 신사에 【바로 송(宋) 태종(太宗) 태평흥국(太平興國) 6년.】 광평군(廣平郡)으로 낮추고, 성종(成宗) 14년 을미에 대주 도단련사(岱州都團練使)로 고쳤으며, 현종 3년 임자에 단련사(團練使)를 폐지하고, 무오년에 지경산부사(知京山府事)로 고쳤다. 충렬왕 21년 을유에 【바로 원(元)나라 지원(至元) 22년.】 올려서 흥안 도호부(興安都護府)를 만들고, 34년 무신에 성주목(星州牧)으로 올렸다가, 충선왕 2년 경술에 새로 만든 목[新牧]을 없애고 경산부(京山府)

로 낮추었다. 본조에서도 그대로 따랐다가, 태종 원년 신사에 어태(御胎)를 부(府) 남쪽 30리의 조곡산(祖谷山)에 안장하고, 성주목(星州牧)으로 올렸다. 속현(屬縣)이 3이니, 가리현(加利縣)은 본디 일리군(一利郡)인데, 경덕왕이 성산군(星山郡)으로 고치고, 고려에서 지금의 이름으로 고쳤다. 별호(別號)는 기성(岐城)이다. 화원현(花園縣)은 본디 설화현(舌火縣)인데, 경덕왕이 지금의 이름으로 고쳤다. 별호(別號)는 금성(錦城)이다. 팔거현(八莒縣)은 본디 팔거리현(八居里縣)인데, 경덕왕이 이름을 팔리(八里)로 고쳐서 화원(花園)과 함께 모두 수창군(壽昌郡)의 영현(領縣)을 삼았고, 고려에서 팔거(八居)로 고쳤다. 별호(別號)는 칠곡(七谷)이다. 그 뒤에 거(居)의 음(音)이 바뀌어서 거(莒)가 되었다. 【위의 세 현(縣)은 현종 무오년에 모두 경산부(京山府) 임내(任內)에 붙였다.】

성산전씨 항렬표(星山全氏 行列表)

<table>
<tr><td>世</td><td colspan="6">二十九</td><td colspan="6">三十</td><td colspan="6">三十一</td></tr>
<tr><td>行列</td><td colspan="6">효(孝)</td><td colspan="6">창(昌)</td><td colspan="6">수(壽)</td></tr>
<tr><td>世</td><td colspan="6">三十二</td><td colspan="6">三十三</td><td colspan="6">三十四</td></tr>
<tr><td>行列</td><td colspan="6">몽(夢)</td><td colspan="6">경(敬)</td><td colspan="6">이(以)</td></tr>
<tr><td>世</td><td colspan="6">三十五</td><td colspan="6">三十六</td><td colspan="6">三十七</td></tr>
<tr><td>行列</td><td colspan="6">광(光)</td><td colspan="2">응(應)</td><td colspan="2">대(大)</td><td colspan="2">시(時)</td><td colspan="6">성(聖)</td></tr>
<tr><td>世</td><td colspan="6">三十八</td><td colspan="6">三十九</td><td colspan="6">四十</td></tr>
<tr><td>行列</td><td colspan="2">도(道)</td><td colspan="2">위(胃)</td><td colspan="2">익(益)</td><td colspan="3">겸(謙)</td><td colspan="3">종(宗)</td><td colspan="3">사(思)</td><td colspan="3">언(彥)</td></tr>
<tr><td>世</td><td colspan="6">四十一</td><td colspan="6">四十二</td><td colspan="6">四十三</td></tr>
<tr><td>行列</td><td colspan="6">명(明)</td><td colspan="6">재(在)</td><td colspan="2">석(錫)</td><td colspan="2">선(善)</td><td colspan="2"></td></tr>
<tr><td>世</td><td colspan="6">四十四</td><td colspan="6">四十五</td><td colspan="6">四十六</td></tr>
<tr><td>行列</td><td colspan="6">순(淳)</td><td colspan="6">동(東)</td><td colspan="6">희(熙)</td></tr>
<tr><td>世</td><td colspan="6">四十七</td><td colspan="6">四十八</td><td colspan="6">四十九</td></tr>
<tr><td>行列</td><td colspan="3">기(起)</td><td colspan="3">형(鎣)</td><td colspan="2">흠(欽)</td><td colspan="2">장(章)</td><td colspan="2">우(雨)</td><td colspan="6">정(廷)</td></tr>
</table>

성산전씨 주요 인물(星山全氏 主要人物)

고려시대 인물(高麗時代 人物)

전 흥(全 興)

1214년~1259년. 도순사(都巡使) 전수룡(全守龍)의 셋째 아들이다.

문과에 등과 후 좌우헌납(左右獻納)을 거쳐 봉인대부 판도판서(版圖判書)를 역임하였다. 몽고(蒙古)의 살례탑(撒禮塔, 살리타이)이 침입하였을 때 공을 세워 대광(大匡)에 승진하고 성산군(星山君)에 봉(封)해졌다.

성산은 현재의 성주(星州)로 후손들이 정선전씨에서 분관하여 성산을 관향(貫鄕)으로 분관지(分貫地)를 삼았다.

전대평(全代平)

봉익대부(奉翊大夫) 전법판서(典法判書)를 역임하였다.

전 인(全 仁)

중랑장 사평(中郞將司評)을 역임하였다.

전 의(全 義)

문과에 등과 후 여러 관직을 거쳐 병부상서(兵部尙書)를 역임하였다.

전 지(全 智)

이부상서(吏部尙書)를 역임하였다. 시호(諡號)는 충순(忠順)이다.

전 신(全 信)

1390년~1419년. 호가 사와정(謝臥亭)이다. 공양왕조(恭讓王朝)에 병부상서(兵部尙書)를 역임하였다. 고려의 국운이 다함에 자정할 뜻으로 강화군 위량면 항주동에 은거(隱居)하였을 때 조선조(朝鮮朝) 태종(太宗) 이방원(李芳遠)이 친히 그 마을을 찾아왔으나 불사이군(不事二君)의 절의(節義)를 지키며 관직에 나아가지 않았다. 태종이 친히 찾아왔다 하여 동리 이름이 왕방리(王訪里)가 되고 뒷산은 국사봉(國賜峰)이 되었다.

조선시대 인물(朝鮮時代 人物)

전 진(全 璡)

사헌부 감찰(司憲府監察)과 내자시 판관(內資寺判官)을 역임하였다.

전효인(全孝仁)

오위도총부 경력(五衛都摠府經歷)을 역임하였다.

전지덕(全之德)

문과에 등과 후 진주목사(晉州牧使) 등 여러 관직을 거쳐 승정원 도승지를 역임하였다.

전효명(全孝明)

사헌부 장령(司憲府掌令)을 역임하였다.

전순지(全順之)

1453년~?. 문과에 등과 후 사헌부 장령(司憲府掌令)을 역임하였다.

전길창(全吉昌)

어모장군(禦侮將軍)으로 선전관(宣傳官)을 역임하였다.

전수영(全壽永)

사헌부 감찰(司憲府監察)을 역임하고 정사원종 1등공신으로 책록되었다.

전몽진(全夢辰)

사헌부 감찰(司憲府監察)을 역임하였다.

전몽성(全夢星)

선공감 소감(繕工監少監)을 역임하였다.

전복례(全福禮)

문과에 등과 후 여러 관직을 거쳐 호조참의(戶曹參議)를 역임하였다.

전경례(全敬禮)

여러 관직을 거쳐 호조참의(戶曹參議)를 역임하였다.

전 휴(全 休)

문과에 등과 후에 직장(直長) 등 여러 관직을 거쳐 봉상시 첨정(奉常寺僉正)을 역임하였다.

전 송(全 松)

자는 청절(淸節)이다. 오위도총부 상호군(五衛都摠府上護軍)

을 역임하였다.

전이직(全以直)

상서(尙書) 전신(全信)의 후손으로 강화군(江華郡) 양도면(良道面)에서 태어났다. 무과에 급제하여 1627년(인조 5) 통훈대부(通訓大夫)로 의영고 주부(義盈庫主簿)를 거쳐, 1634년(인조 12) 연일현감(延日縣監)을 역임하였고, 절충장군(折衝將軍) 백령진수군첨절제사(白翎鎭水軍僉節制使)를 지냈다.
그가 강화군 중군으로 있을 때 공용(公用) 무명 1필로 말안장을 만들었는데, 중군에서 물러날 때 그대로 반환하는 등 성품이 청렴 강직하여 청백리(淸白吏)로 이름이 높았다.

전기업(全起業)

1615년~1637년. 아버지는 연일현감 전이직(全以直)이다.
어려서부터 절의한 성품을 지녔으며 효성이 지극하였다. 인조조(仁祖朝)에 병자호란(丙子胡亂)이 발생했을 때 부친은 연일현감으로 임지에 있었다. 강화성이 함락되자 모친과 함께 집에 남았다가 민병을 모아 적에 대항할 계책을 세웠다. 이때 그의 모친 오씨가 이르기를 "네 부친은 일찍이 연일로 부임하셨고, 네 외조부도 교동병영에 계시니 국은이 망극하기 이를 데 없다. 네가 이제 나라를 위해 죽은들 무슨 한이 있겠느냐?" 하고 머리털을 잘라 간직한 후, 출전하기를 재촉하였다. 모친에게 하직인사를 하고 병기가 없어 목검을 깎아들고 8인의 동지와 강화부성을 향해 가다가 서문에서 적군을 만나자 적진에 뛰어들어 좌충우돌하면서 적군 10여 명을 주살하였으나 역부족으로 순절하였다. 1706년 숙종 때 강화유수 민진원(閔鎭遠)이 사적을 기록하여 두고 후손들에게 부역을 면제하였다. 1752년 영조 때 강화유수 조관빈(趙觀彬)이 장계를 올려 표창과 50부의 전답을 내렸다. 1755년 강화 충렬사(忠烈祠)에 배향되었다.

전재봉(全在鳳)

1834년~1865년. 자는 순서(舜瑞), 호는 관해(觀海)이다. 무과에 등과 후 사헌부 지평(司憲府持平)과 예조정랑(禮曹正郎) 등 여러 관직을 거쳐 제주진관 병마절제사를 역임하였다.

전봉성(全鳳城)

자는 양명(陽鳴)이다. 황해 수군절도사(黃海水軍節度使)를 역임하였다.

전총진(全摠振)

자는 원옥(元玉)이다. 무과에 급제 후 부사(府使)를 역임하였다.

전기선(全起先)

자는 거경(巨卿)이다. 무과에 급제하여 여러 관직을 거쳐 연변부사를 역임하였다.

전만웅(全萬雄)

자는 원여(元汝)이다. 무과에 급제 후 여러 관직을 거쳐 금위중군(禁衛中軍) 전라 좌수군절제사(全羅左水軍節制使)를 역임하였다.

전 전(全 詮)

자는 평균(平均)이다. 문과에 등과 후에 공조참의(工曹參議)를 역임하였다.

전태국(全泰國)

자는 광태(光迨)이다. 무과에 등과한 후 여러 관직을 거쳐 병조참의(兵曹參議)를 역임하였다.

전만웅(全萬雄)

1662년~1745년. 자는 여걸(汝傑)이다. 부호군(副護軍)을 역임하였다.

전흥신(全興信)

여러 관직을 거쳐 공조참의(工曹參議)를 역임하였다.

전만종(全萬鍾)

1673년~?. 자는 사수(士受)이다. 부호군(副護軍)을 역임하였다.

전만유(全萬維)

1685년~1765년. 자는 군적(君適)이며, 처음 이름은 만당(晩唐)이다. 부호군(副護軍) 등 여러 관직을 거쳐 중추부 첨지사(中樞府僉知事)를 역임하였다.

전석순(全碩淳)

중추원 의관(中樞院議官)을 역임하였다.

전영엽(全永燁)

1781년~1828년. 오위도총부 부총관(五衛都摠府副摠管)을 역임하였다.

전재석(全在奭)

1823년~1895년. 무과에 급제한 후 여러 관직을 거쳐 진주현감(晉州縣監)을 역임하였다.

전경현(全景鉉)

1854년~1922년. 자는 치운(致雲)이다. 무과에 급제 후 사헌부 감찰(司憲府監察) 등을 역임한 후 중추원 의관(中樞院議官)

이 되었다.

전치룡(全致龍)

1848년~?. 사천군수(泗川郡守)를 거쳐 돈녕부 도정(敦寧府都正)을 역임하였다.

황간전씨 黃澗全氏

황간전씨 연원(黃澗全氏 淵源)

시조 및 본관의 유래(始祖 및 本貫의 由來)

황간전씨(黃澗全氏)의 득관조(得貫祖)는 시조(始祖) 환성군(歡城君) 전섭(全聶)의 26세손인 전익(全翼)이다. 그는 고려(高麗) 고종조(高宗朝) 문과(文科)에 올라 광록대부 형부상서(光祿大夫刑部尙書)를 지냈으며, 1232년(고종 19) 몽고군(蒙古軍)의 원수(元帥) 살예탑(撒禮塔)이 침입하였을 때 중형(仲兄) 성산군(星山君) 전흥(全興)과 함께 이를 물리쳐 토벌(討伐)하는데 크게 공(功)을 세우니, 황간군(黃澗君)에 봉(封)해졌다. 그 후 후손들이 황간(黃澗)을 관향(貫鄕)으로 삼아 세계(世系)를 이어왔다.

씨족사 개요(氏族史 槪要)

황간군(黃澗君) 전익(全翼)의 아들인 전대춘(全大春)은 소윤(小尹), 전대길(全大吉)은 영동정(領同正)을 각각 지냈으며, 손자(孫子) 전유(全儒)는 승선(承宣), 증손(曾孫) 전경(全經)은 이부 상서(吏部尙書), 5세손 전진(全瑱)은 상서령(尙書令), 6세손 전승보(全承輔)는 문과(文科)에 급제하여 대사헌(大司憲)에 올랐다. 특히 13세손 전백록(全百錄)은 1585년(선조 18)에 태어나 무과(武科)에 올라 훈련원정(訓練院正)에 제수되고, 외직(外職)으로 온성(穩城), 장연(長淵), 정평(定平), 안동(安東), 성산(成山), 경원(慶源), 경흥(慶興) 등지의 중군(中軍) 등을 역임하면서 청현(淸顯)한 다스림으로 이름이 높았다. 그는 이후 가선대부(嘉善大夫)에 승급(陞級)하여 수군절도사(水軍節度使), 오위도총부(五衛都摠府) 부총관(副摠管), 황해도병마사(黃海道兵馬使) 등을 역임하였으며, 1712년(숙종 38)에 별세(別世)하니 판서(判書) 박사수(朴師洙)가 행장(行狀)을 찬(撰)하고 대사헌(大司憲) 김진상(金鎭商)이 비문(碑文)을 찬(撰)하였고, 왕이 예랑(禮郞) 진재박(陳在博)을 보내 제문(祭文)을 내리기도 하였다. 황간군(黃澗君)의 8세손인 전반석(全盤石)은 중종조(中宗朝)에 함북(咸北) 온성(穩城)으로 유배(流配)되면서 이후 그곳에 후손들이 세거(世居)하였다. 1985년 인구조사 통계에 의하면 약 301명으로 나타나 있다.

본관지 연혁(本貫地 沿革)

세종실록지리지(世宗實錄地理志) : 황간현(黃澗縣)

본래 신라의 소라현(召羅縣)인데, 경덕왕(景德王)이 지금의 이름으로 고쳐서 영동군(永同郡)의 영현(領縣)을 삼았고, 고려 현종(顯宗) 9년에 경산부(京山府) 임내에 붙이었다. 공양왕(恭讓王) 경오에 비로소 감무(監務)를 두었으며, 본조 태종 14년 갑오에 청산(青山)에 합쳐서 황청(黃青)으로 고쳤다가, 병신에 다시 갈라서 황간 현감(黃澗縣監)을 두었다. 딸린 부곡(部曲)이 1이니, 금화(金化)이다. 【예전에는 금산현(金山縣)에 붙였다가 뒤에 경산부(京山府)에 이속(移屬)시켰고, 공양왕 2년 경오에 내속(來屬)시켰다.】

황간전씨 항렬표(黃澗全氏 行列表)

世	四十	四十一	四十二	四十三
行列	유(有)	氵(수)邊	치(致)	규(圭)
世	四十四	四十五	四十六	四十七
行列	현(鉉)	주(周)	규(圭)	성(星)

황간전씨 주요 인물(黃澗全氏 主要人物)

고려시대 인물(高麗時代 人物)

전 익(全 翼)

1214년~1259년. 도시조 전섭(全聶)의 26세손으로 고려 때 문과에 합격하여 여러 관직을 거쳐 광록대부(光祿大夫) 형부전서(刑部典書)에 올랐다. 1231년(고종 18)에 몽고군 살례탑이 침입할 때 형(兄) 성산군(星山君) 전흥(全興)과 함께 적을 토평(討平)한 공으로 황간군(黃澗君)에 봉(封)해졌다. 후손들은 황간(黃澗)을 관향(貫鄕)으로 분관지(分貫地)를 삼았다.

전대춘(全大春)

소윤(小尹)을 역임하였다.

전대길(全大吉)

영동정을 역임하였다.

전 유(全 儒)

중추원 우승선((中樞院右承宣)을 역임하였다.

전 경(全 經)

이부상서(吏部尙書)를 역임하였다.

조선시대 인물(朝鮮時代 人物)

전윤문(全允文)

경주부윤(慶州府尹)을 역임하였다.

전 진(全 瑱)

상서(尙書) 도성(都省) 상서령(尙書令)을 역임하였다.

전승보(全承輔)

사헌부 대사헌((司憲府大司憲)을 역임하였다.

전희경(全希卿)

1555년~1597년. 훈련원 도정(訓練院都正)을 역임하였다.

전덕윤(全德允)

1590년~1628년. 무과에 급제 후 훈련원 판관(訓練院判官)을 역임하였다.

전우량(全友諒)

1614년~1655년. 자는 자익(子益)이다. 오위도총부 부총관(五衛都摠府副摠管)을 역임하였다.

전백록(全百祿)

1645년~1712년. 자는 천수(天授)이다.

오위도총부 부총관을 지낸 전우량(全友諒)의 아들로 태어났다. 1664년(현종 5) 무과에 급제한 후 선전관, 훈련원 정 등을 역임한 후에 장연, 교동, 정평, 안동, 무산, 경원, 경흥, 광주(廣州) 등의 중군(中軍)을 지냈다.

1702년(숙종 28) 함경도북평사 이동언(李東彦)의 추천을 받아 가선대부(嘉善大夫)로 충청도 수군절도사에 제수됨으로써 그동안 소외되어 있던 서북인을 등용하는 데 중요한 계기가 되었다. 이후 오위도총부 부총관, 황해도 병마절도사 등을 역임하였다. 어딜 가나 청렴하고 치적을 남겼으므로, 그가 죽자 왕이 조문사(弔問使)를 보내 위로하였다고 한다.

충남 보령군 오천면에 영세불망비((永世不忘碑)인 청덕선정비(淸德善政碑)가 세워져 있다.

전유영(全儒英)

오위도총부 부사직(五衛都摠府副司直)을 역임하였다.

전성윤(全聖倫)

1871년~1945년. 자는 중오(重五), 호는 흠제(欽齊)이다. 간제(艮齊) 전우(田愚)의 문하인(門下人)으로서 간도관리사(間島管理使) 이범윤(李範允)과 대한광복단을 세우고 단장이 되어 김좌진(金佐鎭), 홍범도(洪範圖) 등과 함께 연합하여 일본군과 싸웠다. 봉오동(鳳梧洞), 청산리(青山里) 양대 대첩(大捷)의 주역 중의 한 사람이다.

계림전씨

鷄林·慶州 全氏

계림전씨 연원(鷄林全氏 淵源)

시조 및 본관의 유래(始祖 및 本貫의 由來)

계림전씨(鷄林全氏)의 득관조(得貫祖)는 시조(始祖) 환성군(歡城君) 전섭(全聶)의 27세손 전공식(全公植)이다.

그는 고려(高麗) 고종조(高宗朝)에 광정대부(匡靖大夫) 안찰사(按察使)를 지냈고, 1236년(고종 23) 몽고(蒙古)가 침입하자 백형(伯兄)인 전라병마사(全羅兵馬使) 전공열(全公烈)과 함께 전주(全州) 고부경(古阜境)에서 몽고군(蒙古軍)을 만나 고란사(高蘭寺) 입구 산로(山路)에 복병(伏兵)하였다가 크게 물리쳤다. 1271년(원종 12)에 안렴사(按廉使)에 제수(除授)되고 훈공(勳功)으로 계림군(鷄林君)에 봉(封)해지니 이후 후손들이 계림(鷄林)을 관향(貫鄕)으로 삼게 되었다.

씨족사 개요(氏族史 槪要)

계림군(鷄林君) 전공식(全公植)의 아들인 전민(全敏)은 고려조

(麗朝) 원종(元宗) 때 중랑장(中郎將)을 지냈으며, 손자(孫子) 전인적(全仁迪)은 충열왕조(忠烈王朝)에 산원랑(散員郎)을 지냈다. 전세(全世)는 조선조(朝鮮朝) 개국공신(開國功臣)으로 자헌대부(資憲大夫) 공조 판서(工曹判書)에 이르렀고, 태조(太祖) 이성계와 이종간(姨從間)이기도 하다. 전검(全檢)은 태조조(太祖朝)에 상호군(上護軍), 9세손 전인우(全仁佑)도 상호군(上護軍)을 지냈으며, 16세손 전수만(全壽萬)은 효종조(孝宗朝)에 무과에 급제하여 예조 정랑(禮曹正郎) 통천군수(通川郡守)를 역임하고 가선대부(嘉善大夫) 이조참판(吏曹參判)에 이르렀다.

전석(全碩)은 고려말(麗末) 함남(咸南) 영흥(永興)에 세거(世居)하다가 그 후 전진목(全進穆)의 대(代)에서 북청(北青)으로 옮겨갔으므로 대체로 이 지역에 산거(散居)하였으며, 20세손 전형필(全鎣弼) 이래로 경기도(京畿道) 강화(江華)에 집성촌(集成村)을 이루게 되었다. 그 밖에 평창(平昌), 청주(清州), 포천(抱川), 정선(旌善), 예산(禮山)과 서울 등지에서 많이 살고 있다.

1985년 인구조사 통계로는 약 14,884명으로 나타나 있다.

본관지 연혁(本貫地 沿革)

세종실록지리지(世宗實錄地理志) : 경주부(慶州府)

바로 신라의 옛 서울이다. 한(漢)나라 선제(宣帝) 오봉(五鳳) 원년(元年) 갑자에 시조(始祖) 박혁거세(朴赫居世)가 나라를 창건하고 도읍을 세워서 이름을 서야벌(徐耶伐)이라 하였다. 【혹은 사라(斯羅), 혹은 사로(斯盧), 혹은 신라(新羅)라고 이른다.】 탈해왕(脫解王) 9년 을축에 【바로 한나라 명제(明帝) 영년(永年) 8년.】 시림(始林)에서 닭의 괴이한 일이 있어서, 이름을 계림(鷄林)이라 고치고, 인하여 나라 이름으로 삼았다가, 기림왕(基臨王) 10년 정묘에 【바로 서진(西晉) 회제(懷帝) 영가(永嘉) 원년.】 다시 이름을 신라(新羅)로 하였다. 고려 태조 18년 을미에 【바로 후당(後唐) 폐제(廢帝) 청태(清泰) 2년.】 경순왕(敬順王) 김부(金傅)가 고려에 항복하자 낮추어 경주로 하였으며, 【신라 박혁거세로부터 김부까지 56왕 9백 92년이다.】 23년 경자에 【후진(後晉) 고조(高祖) 천복(天福) 4년.】 올려서 대도독부(大都督府)로 삼고, 성종(成宗) 6년 정해에 【 바로 송(宋) 태조(太祖) 옹희(雍熙) 4년.】 동경 유수(東京留守)로 고쳤다가, 현종(顯宗) 3년 임자에 【바로 송나라 진종(眞宗) 대중상부(大中祥符) 5년.】 유수관(留守官)을 폐하고 경주 방어사(慶州防禦使)로 낮추었다. 5년 갑인에 안동 대도호부(安東大都護府)로 고쳤다가 21년 경오에 【바로 송나라 인종(仁宗) 천성(天聖) 8년.】 다시 동경 유수(東京留守)로 하였는데, 신종(神宗) 5년 임술에 【바로 송나라 영종(寧宗) 가태(嘉泰) 2년.】 동경(東京) 야별초(夜別抄)가 반란을 일으켜 주군(州郡)을 쳐서 겁탈하매, 군사를 보내어 이를 토평(討平)하고, 7년 갑자에 낮추어 지경주사(知慶州事)로 삼았다가, 고종(高宗) 6년 기묘에 【송나라 영종(寧宗) 가정(嘉定) 12년.】 다시 유수(留守)로 삼았고, 충렬왕(忠烈王) 34년 무신에 【바로 원(元)나라 무종

(武宗) 지대(至大) 원년.】 고쳐서 계림부(鷄林府)로 일컬었는데, 본조(本朝) 태종 15년을 을미에 【바로 명나라 태종(太宗) 영락(永樂) 12년.】 경주부(慶州府)로 고쳤다. 별호(別號)는 낙랑(樂浪)이다. 【순화(淳化) 때에 정한 것이다.】 속현(屬縣)이 넷이니, 안강현(安康縣)은 본래 신라 비화현(比火縣)인데, 경덕왕(景德王)이 지금의 이름으로 고쳐서 의창군(義昌郡)의 영현(領縣)으로 삼았다가, 고려 현종(顯宗) 9년 무오에 주(州)·부(府)·군(郡)·현(縣)의 관할[所領]을 정하매 경주부(慶州府)의 임내(任內)로 붙였고, 공양왕(恭讓王) 2년 경오에 【바로 명나라 태조 황제 홍무(洪武) 23년.】 비로소 감무(監務)를 두었으며, 본조 태조 3년 갑술에 【바로 홍무 27년.】 다시 본부(本府)의 임내(任內)로 하였다. 기계현(杞溪縣)은 본디 모혜현(芼兮縣)이고, 【혹은 화계(化鷄)라고도 한다.】 신광현(神光縣)은 본디 동잉음현(東仍音縣)인데, 위의 두 현(縣)은 경덕왕(景德王)이 지금의 이름으로 고쳐서 모두 의창군(義昌郡)의 영현(領縣)을 삼았고, 자인현(慈仁縣)은 본디 노사화현(奴斯火縣)인데, 경덕왕이 지금의 이름으로 고쳐서 장산군(獐山郡)의 영현(領縣)으로 삼았다. 위의 세 고을은 고려 현종(顯宗) 무오에 모두 본부(本府)의 임내(任內)에 붙였는데, 본조(本朝)에서도 그대로 따랐다. 부곡(部曲)이 넷이니, 구사(仇史)는 본디 마진량현(麻珍良縣)인데, 경덕왕이 여량(餘良)으로 이름을 고쳐서 장산군(獐山郡)의 영현(領縣)으로 삼았고, 죽장(竹長)은 본디 장진현(長鎭縣)인데, 임고군(林皐郡)의 영현(領縣)으로 삼았다. 위의 두 고을은 고려에서 지금의 이름으로 고쳐서 부곡

(部曲)을 만들어 모두 본부(本府)의 임내(任內)에 붙였다. 그리고, 북안곡(北安谷)과 성법이(省法伊)이다.

〈조선왕조실록, 태백산고본〉

계림전씨 항렬표(鷄林全氏 行列表)

世	五十二		五十三		五十四		五十五	
行列	○	탁(鐸)	제(濟)	○	○	표(杓)	찬(燦)	○
世	五十六		五十七		五十八		五十九	
行列	○	재(宰)	상(商)	○	○	구(求)	계(桂)	○
世	六十		六十一		六十二		六十三	
行列	○	휴(烋)	규(珪)	○	○	태(兌)	한(瀚)	○
世	六十四		六十五		六十六		六十七	
行列	○	목(穆)	형(炯)	○	○	순(珣)	용(鏞)	○
世	六十八		六十九		七十		七十一	
行列	○	준(濬)	장(樟)	○	○	도(燾)	정(珽)	○
世	七十二		七十三		七十四		七十五	
行列	○	일(鎰)	홍(泓)	○	○	환(桓)	희(爔)	○
世	七十六		七十七		七十八		七十九	
行列	○	선(璿)	훈(鑂)	○	○	흡(洽)	기(杞)	○

계림전씨 주요 인물(鷄林全氏 主要人物)

고려시대 인물(高麗時代 人物)

전공식(全公植)

1231년~1271년. 부(父)는 안찰사 위렬공 전의이다.

고려(高麗) 고종조(高宗朝)에 병마사(兵馬使), 안렴사(按廉使)를 지냈다. 몽고군(蒙古軍)이 침략해 왔을 때 안렴사로서 형(兄) 전공렬(全公烈)과 함께 전주(全州) 고부 지경(地境)인 고란사에서 몽고군을 토평(討平)한 공으로 계림군(鷄林君)에 봉(封)해졌다.

계림은 지금의 경주(慶州)로 후손들이 관향(貫鄕)으로 분관지(分貫地)를 삼았다.

전 민(全 敏)

1260년~1274년. 중랑장(中郎將)을 역임하였다.

전인적(全仁迪)

1275년~1308년. 散員郎(산원랑)을 역임하였다.

전득성(全得成)

1314년~1339년. 낭장(郎將)을 역임하였다.

전　미(全　美)

1314년~1339년. 금교 호군을 역임하였다.

전무창(全茂昌)

1331년~1345년. 중랑장(中郎將)을 역임하였다.

전　석(全　碩)

1345년~1352년. 전객령(典客令)을 역임하였다.

조선시대 인물(朝鮮時代 人物)

전 세(全 世)

1394년~1418년. 자는 내덕, 호는 계곡(桂谷)이다. 조선조 개국(開國) 시 태조(太祖) 이성계(李成桂)를 도운 공으로 개국원종공신(開國原從功臣)으로 책록되었으며, 자헌대부(資憲大夫) 공조전서(工曹典書)를 역임하였다.

전 검(全 檢)

1393년~1399년. 여러 관직을 거쳐 삼군부 상호군을 역임하였다.

전인우(全仁佑)

1401년~1419년. 상호군(三軍府上護軍)을 역임하였다.

전인철(全仁哲)

1401년~1419년. 상호군(三軍府上護軍)을 역임하였다.

전진공(全振恭)

1419년~1450년. 삼군부 부사정(三軍府副司正)을 역임하였다.

전진목(全振穆)

문과에 등과 후 여러 관직을 거쳐 이천군수(利川郡守)를 역임하였다.

전삼달(全三達)

무과에 급제한 후 여러 관직을 거쳐 오위부 호군(五衛府護軍)을 역임하였다.

전수준(全秀俊)

1529년~1592년. 자는 자영(子英)이다. 무과에 급제 후 여러 관직을 거쳐 훈련원 판관(訓練院判官)과 첨정(僉正)을 지냈다.

전수만(全壽萬)

1656년~1721년. 자는 무강(武彊)이다. 문과에 등과한 후 여러 관직을 거쳐 예조정랑(禮曹正郎)과 연천군수(漣川郡守)를 역임하였다.

전지건(全智健)

자는 귀춘(貴春)이다. 오위부 부호군(五衛府副護軍)을 역임하였다.

전익겸(全益謙)

자는 문우(文友)이다. 문천군수(文川郡守)를 역임하였다.

전이증(全爾曾)

자는 성오(成五)이다. 여러 관직을 거쳐 공조참의(工曹參議)를 역임하였다.

전경한(全庚漢)

자는 성강(聖降), 호는 죽헌(竹軒)이다. 여러 관직을 거쳐 도총부 오위장(都摠府五衛將)을 역임하였다.

전인경(全仁卿)

오위부 부호군(五衛府副護軍)을 역임하였다.

전흥초(全興初)

자는 택삼(宅三), 호는 동은(東隱)이다. 여러 관직을 거쳐 성균관 전적(成均館典籍)을 역임하였다.

전영숙(全榮淑)

자는 군화(君和)이다. 중추원 의관(中樞院議官)을 역임하였다.

전종근(全宗根)

자는 언문(彦文)이다. 중추원 의관(中樞院議官)을 역임하였다.

전응례(全應禮)

자는 중문(仲文), 호는 동강(東岡)이다. 훈련원 판관(訓練院判官)을 역임하였다.

전상명(全尙明)

여러 관직을 거쳐 훈련원 선전관(訓練院宣傳官)을 역임하였다.

전충신(全忠臣)

오위부 부호군(五衛府副護軍)을 역임하였다.

전 협(全 浹)

1646년~?. 자는 사윤(士潤)이다. 문과 병과(丙科)에 등과한 후 여러 관직을 거쳐 홍문관 응교(弘文館應教)를 역임하였다.

옥천전씨 沃川全氏

옥천전씨 선조유적(沃川全氏 先祖遺蹟)

목담서원(鶩譚書院). 관성군(管城君) 전유(전侑), 전팽령(全彭齡)과 전식(全湜)을 배향하는 서원. (충북 옥천군 동이면 금암리)

방산서원(方山書院). 전희철(全希哲), 전익희, 전명룡 등을 배향하는 서원. (경북 영주시 하망1동)

칠성루(七星樓)와 휴계재사(休溪齋舍). 휴계공의 묘소 수호를 위해
증손 망일당공이 1576년(선조 9)에 창건하였다. 유형문화재 제174호.
(경북 영주시 이사면 용상리 428)

옥동서원(玉洞書院). 1518년(중종 13) 황맹헌(黃孟獻), 황희(黃喜), 황효헌(黃孝獻)의 학문과 덕을 기리기 위하여 창건된 서원으로
1714년(숙종 40) 추가로 충간공(忠簡公)전식(全湜)을 배향하였다.
경북기념물 제52호.(경북 상주시 모동면 수봉리 546)

옥천전씨 연원(沃川全氏 淵源)

시조 및 본관의 유래(始祖 및 本貫의 由來)

옥천전씨(沃川全氏)의 득관조(得貫祖)는 시조(始祖) 환성군(歡城君) 전섭(全聶)의 27세손인 전유(전侑)이다. 그는 고려(高麗) 충숙왕조(忠肅王朝)에 봉익대부(奉翊大夫) 밀직부사(密直副使) 판도판서(版圖判書)를 역임하고 관성군(管城君)에 봉(封)해졌는데, 이후 후손들이 관성(管城 : 지금의 옥천)을 본관(本貫)으로 삼아 세계(世系)를 이어왔다.

씨족사 개요(氏族史 槪要)

관성군(管城君) 전유(전(全)侑)의 아들인 전광운(全光韻)은 정의대부(正義大夫) 판비서(判秘書)를 지냈으며, 셋째 전숙(全淑)은 충목왕조(忠穆王朝)에 봉익대부(奉翊大夫) 판도판서(版圖判書)에 제수(除授)되고 1390년(공양왕 원년)에 공훈(功勳)으로 관성군(管城君)에 봉(封)해졌다. 증손(曾孫)인 전비(全備)는 봉열대부(奉烈大夫) 태복소경(太僕少卿)을, 현손(玄孫)인 전지(全智)는 이부상서(吏部尙書)를 각각 지냈다.

5대손인 휴계(休溪) 전희철(全希哲)은 단종조(端宗朝)의 절신(節臣)으로 세종조(世宗朝) 진사시(進士試)를 거쳐 무과(武科)에 급제하여 상호군(上護軍)에 올랐으며, 단종이 손위(遜位)하자 낙향(落鄕)하여 휴천(休川 : 지금의 영주)에 은거(隱居)하다 단종이 승하(昇遐)하자 삼년 동안 상복(喪服)을 입었으며 세상을 떠나기 전에 제손(諸孫)들에게 유언(遺言)으로 이르기를, "영월(寧越)의 단종릉(端宗陵)을 일 년에 한 번씩 참배(參拜)하라" 고 하였다. 양천(陽川) 허흔(許昕)이 그의 충절을 기려 남긴 유명한 시(詩)가 남아 있다.

6세손 송정(松亭) 전팽령(全彭齡)은 1524년(중종 19)에 등과(登科)하여 벼슬이 가선대부(嘉善大夫) 상주 목사(尙州牧使) 강원도 관찰사(江原道觀察使)에 이르렀고, 예조 판서(禮曹判書)에 증직되었다. 9세손 사서(沙西) 전식(全湜)은 유서애(柳西厓), 장여헌(張旅軒)의 문인(文人)으로 1589년(선조 22)에 진사(進士)가 되고 1592년 임진왜란(壬辰倭亂)이 일어나자 의병(義兵)을 모아 공(功)을 세웠다. 1603년 문과(文科)에 급제했으나 광해군(光海君)의 폭정(暴政)이 극(極)에 이르자 정경세(鄭經世), 이준(李埈) 등과 초야(草野)에 묻혔다가 1623년 인조반정(仁祖反正)으로 예조 정랑(禮曹正郞)에 등용되고, 기주관(記注官), 지제교(知製敎), 수찬(修撰), 교리(校理)가 되어 경연(經筵)에 참석했으며, 이어 전적(典籍), 장령(掌令)을 역임하였다. 1624년 이괄(李适)의 난(亂)이 일어나자 병조 참의(兵曹參議)에 올랐다가 연평군(延平君) 이귀(李貴)와 원수(元帥) 장만(張晩)의 실책(失策)을 논(論)한 후 고향에 돌아왔다. 1628년 다시 이조 참의(吏曹參議)를 거쳐 사간원(司諫院) 대사간(大司諫)이 되었으나 병(病)으로 사퇴하였으며, 그 뒤 다시 대사간(大司諫)에 올랐고 1636년 병자호란(丙子胡亂)이 일어나자 의병을 일으켰으며, 1642년 지중추부사(知中樞府事) 동지경연사(同知經筵事) 동지춘추관사(同知春秋館事)가 되고 이어 성균관 대사성(成均館大司成), 사헌부 대사헌(司憲府大司憲) 등을 역임하고 별세(別世)하니 좌의정(左議政)에 추증(追贈)되고 시호는 충간(忠簡)이라 하였다.

10세손 전극항(全克恒)은 등과(登科) 후 예문관 검열(藝文館檢閱), 예조 정랑(禮曹正郎)에 올라 병자호란(丙子胡亂) 때 순절(殉節)하니 도승지(都承旨)로 추증되었고, 12세손 의서(懿西) 전명룡(全命龍)은 학자(學者)로서 1627년 대과(大科)에 급제하여 여러 벼슬을 거쳐 대사헌(大司憲)에 올랐으며 도학(道學)과 문장(文章)이 뛰어났었다. 전익희(全益禧)는 설월당(雪月堂)인데 인조조(仁祖朝) 문과(文科)에 올라 사간원 정언(司諫院正言), 1642년 사헌부 지평(司憲府持平)을 거쳐 선산 부사(善山府使)를 역임하였으며, 재직시 선정(善政)을 베풀어 송덕비(頌德碑)가 세워졌다.

그 밖에 부사(府使)를 지낸 전황(全煌), 도사(都事)를 지낸 전용(全龍), 도사(都事)를 지낸 전충립(全忠立) 등이 있다.

후손들이 관성군(管城君) 이후 관성(管城 : 옥천)에 세거(世居)하다가 휴계공(休溪公) 전희철(全希哲)이 1450년에 영주(榮州)로 이거(移居)한 것을 비롯하여 영풍(榮豊), 봉화(奉化), 대구(大邱), 달성(達成), 금산(錦山), 아산(牙山), 영동(永同), 논산(論山), 연산(連山), 금릉(金陵), 칠곡(漆谷), 안동(安東), 양구(陽口), 청원(清原), 대덕(大德), 연일(延日), 용강(龍岡), 부여(扶餘), 당진(唐津), 목천(木川), 연기(燕岐), 예산(禮山) 등지에 산거(散居)하고 있다.

1985년 인구조사 통계에 의하면 37,380명으로 18파(派) 중 3위(三位)이다.

본관지 연혁(本貫地 沿革)

세종실록지리지(世宗實錄地理志) : 옥천군(沃川郡)

본래 신라의 고시산군(古尸山郡)인데, 경덕왕(景德王)이 관성군(管城郡)으로 고쳤고, 고려 현종(顯宗) 9년에 경산부(京山府) 임내에 붙이었다가, 인종(仁宗) 21년 계해에 비로소 현령(縣令)을 두었다. 충선왕(忠宣王) 5년 계축에 【곧 송나라 인종(仁宗) 황경(皇慶) 2년.】 지옥주사(知沃州事)로 승격하고, 경산부의 임내인 이산(利山)·안읍(安邑)·양산(陽山) 등 3현(縣)을 갈라서 이에 붙였으며, 본조 태종(太宗) 13년 계사에 예(例)에 의하여 옥천군으로 고쳤다. 속현(屬縣)이 3이니, 이산(利山)은 본래 신라의 소리산현(所利山縣)인데, 경덕왕(景德王)이 지금의 이름으로 고쳐서 관성군(管城郡)의 영현(領縣)을 삼았다.

안읍(安邑)은 본래 신라의 아동혜현(阿冬兮縣)인데, 경덕왕이 안정(安貞)으로 고쳐서 관성군의 영현을 삼았다가, 고려 때에 지금의 이름으로 고치었다. 양산(陽山)은 본래 신라의 조비천현(助比川縣)인데, 경덕왕이 지금의 이름으로 고쳐서 영동군(永同郡)의 영현(領縣)을 삼았다. 【위의 3현은 고려 현종(顯宗) 9년 무오에 모두 경산부(京山府) 임내에 붙였다.】

대천(大川)은 적등진(赤登津)이 이산현(梨山縣)에 있고, 화인진(化仁津)이 군의 동북쪽에 있다. 사방 경계는 동쪽으로 보은(報恩)에 이르기 29리, 서쪽으로 회덕(懷德)에 이르기 13리, 남쪽으로 무주(茂朱)에 이르기 29리, 북쪽으로 청주(淸州)에 이르기 13리이다.

호수가 5백 58호요, 인구가 1천 8백 34명이다. 군정(軍丁)은 시위군이 88명이요, 수호군이 10명이요, 선군(船軍)이 87명이다.

토성(土姓)이 4이니, 육(陸)·황(黃)·전(全)·신(申)이요, 내성(來性)이 3이니, 김(金)·전(全)·유(柳)요, 촌성(村姓)이 1이니, 표(表)이다. 안읍(安邑)의 성이 4이니, 송(宋)·주(周)·장(張)·맹(孟)이요, 망성(亡姓)이 2이니, 강(康)·종(鐘)이다. 양산(陽山)의 성이 6이니, 명(明)·장(張)·박(朴)·백(白)·이(李)·심(沈)이다. 이산(利山)의 성이 3이니, 박(朴)·방(房)·임(任)이요, 촌성(村姓)이 1이니, 전(田)이요, 망래성(亡來姓)이 3이니, 심(沈)·김(金)·한(韓)이요, 속성(續姓)이 1이니, 김(金)이다.

땅이 메마르고, 기후가 차고 더운 것이 알맞고, 풍속은 검소함을 숭상한다. 간전(墾田)은 4천 1백 78결(結)이요, 【논은 4

분의 1이 좀 넘는다.】 토의(土宜)는 오곡과 뽕나무·산뽕나무이다. 토공(土貢)은 여우가죽·삵괭이가죽[狸皮]·대추·호도(胡桃)·지초·꿀·밀[黃蠟]·석이·느타리·종이·칠(漆)이요, 약재(藥材)는 북나무진[安息香]·복령(茯苓)·승검초뿌리[當歸]·인삼·애기풀[遠志]·영양뿔[羚羊角]·모란뿌리껍질[牧丹皮]이요, 토산(土産)은 신감초(辛甘草)이다. 도기소(陶器所)가 1이니, 군의 서쪽 금이산(金伊山)에 있다.【하품이다.】

성황당산 석성(城隍堂山石城)은 군의 서쪽 4리에 있으며,【둘레가 3백 96보이며, 험조(險阻)하다. 성 안에 우물 하나가 있는데, 가뭄을 만나면 곧 마르며, 군창(軍倉)이 있다.】 마니산 석성(摩尼山石城)은 군의 남쪽 27리에 있다.【둘레 8백 78보이며, 안에 샘이 하나 있는데, 가물면 조금 마른다. 〈지세가〉 높고 험하다.】 역(驛)이 5이니, 증약(增若)·가화(嘉禾)【예전에는 신역(新驛)이라 하였다.】·화인(化仁)【예전에는 화인(和仁)이라 하였으며, 안읍(安邑)에 있다.】·순양(順陽)【예전에는 순량(順良)이라 하였으며, 양산(陽山)에 있다.】·토파(土坡)이다.【예전에는 토현(土峴)이라 하였으며, 이산(利山)에 있다.】 봉화(烽火)가 2곳이니, 월이산(月伊山)은 이산현 동쪽에 있고,【남쪽으로 영동(永同) 박달산(朴達山)에, 북쪽으로 본군 환산(環山)에 응한다.】 환산(環山)은 군의 북쪽에 있다.【서쪽으로 회덕(懷德) 계족산(鷄足山)에 응한다.】

〈조선왕조실록, 태백산고본〉

옥천전씨 세계도(沃川全氏 世系圖)

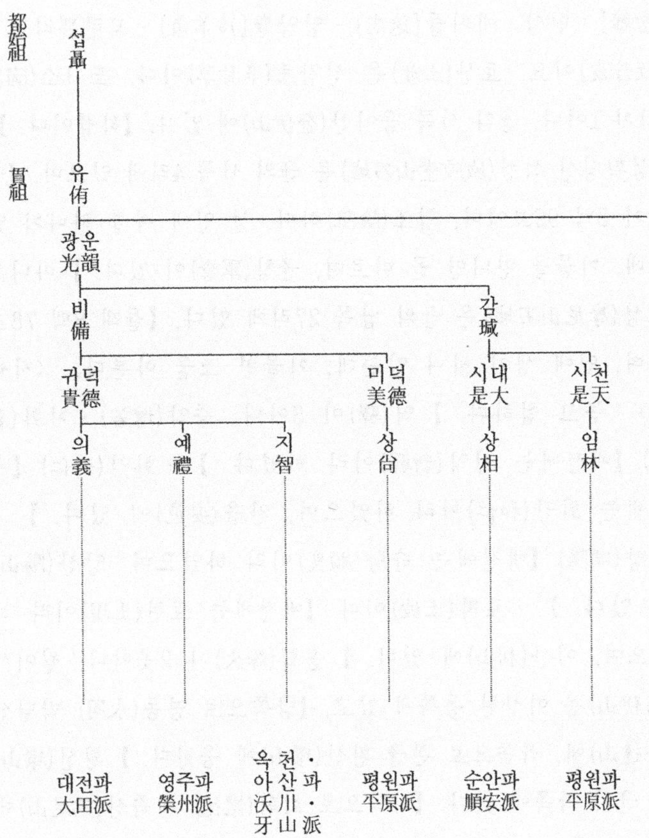

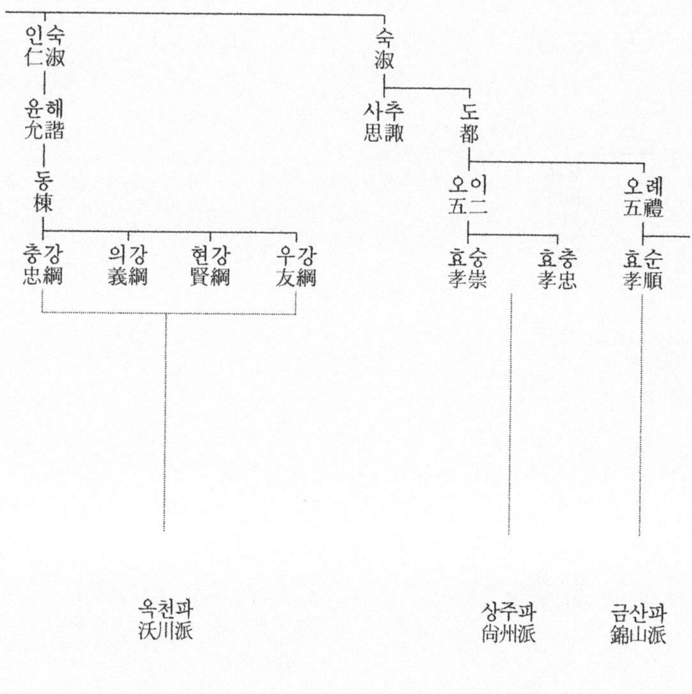

인숙 仁淑
숙 淑
윤해 允諧
사추 思諏
도 都
동 棟
오이 五二
오례 五禮
충강 忠綱
의강 義綱
현강 賢綱
우강 友綱
효숭 孝崇
효충 孝忠
효순 孝順
옥천파 沃川派
상주파 尙州派
금산파 錦山派

오용
五用

효증
孝曾

양구파
楊口派

옥천전씨 항렬표(沃川全氏 行列表)

世	二十六	二十七	二十八	二十九	三十	三十一	三十二
行列	우(愚)	구(九)	병(丙)	기(基)	용(鎔)	우(雨)	상(相)
世	三十三	三十四	三十五	三十六	三十七	三十八	三十九
行列	섭(燮)	정(廷)	호(鎬)	영(泳)	주(柱)	환(煥)	채(埰)
世	四十	四十一	四十二	四十三	四十四	四十五	四十六
行列	진(鎭)	철(澈)	계(桂)	영(榮)	규(圭)	태(兌)	호(浩)
世	四十七	四十八					
行列	병(秉)	형(炯)					

옥천전씨 주요 인물(沃川全氏 主要人物)

고려시대 인물(高麗時代 人物)

전 유(全 侑)

1314년~1330년. 봉인대부 밀직부사(密直副使) 판도판서(版圖判書)를 역임하였으며, 나라에 크게 공업(功業)이 있어 관성군(管城君)에 봉(封)해졌다. 관성은 지금의 옥천으로 후손들이 관향(貫鄕)을 정하고 분관지(分貫地)로 삼았다. 목담서원(鶩潭書院)에 배향되었다.

전광운(全光韻)

1345년~?. 정의대부 판비서감사 이부전서(吏部典書)를 역임하였다.

전 숙(全 淑)

1345년~1393년. 봉익대부 판도판서를 역임하고 관성군(管城君)에 봉(封)해졌다. 고려(高麗)의 국운(國運)이 다함에 불사이군(不事二君)의 충절(忠節)로 관성(管城 : 옥천)으로 낙향하여 문선동에 은거(隱居)하면서 고절(高節)을 지켰으며, 향수(享壽) 101세로 별세하여 세인들이 그가 기거(起居)하던 기사천(棄仕川)을 기사천(耆士川)으로 지명의 이름을 바꾸었다.

전 비(全 備)

봉산대부 사수시 소경(司水寺少卿)을 역임하였다.

조선시대 인물(朝鮮時代 人物)

전 도(全 都)

조봉대부 전의첨정을 역임하였다.

전오이(全五二)

오위도총부 호군(五衛都摠府護軍)을 역임하였다.

전오례(全五禮)

오위도총부 대호군(五衛都摠府大護軍)을 역임하였다.

전오용(全五用)

남해현령(南海縣令)을 역임하였다.

전　례(全　禮)

1397년~1428년. 선차지인 가각부록사를 역임하였다.

전　지(全　智)

1399년~1465년. 자는 성함(聖涵), 호는 농수(農叟)이다. 문과에 등과 후 여러 관직을 거쳐 홍문관 부제학(弘文館副提學)을 역임하였다.

전　림(全　林)

오위도총부 사직(五衛都摠府司直)을 역임하였다.

전효순(全孝順)

1433년~1508년. 무과에 급제하여 여러 관직을 거쳐 청석현감(青石縣監)을 역임하였다. 재임 중 선정(善政)을 베풀어 청덕비(清德碑)가 세워져 있다.

전희문(全熙文)

오위도총부 부호군(五衛都摠府副護軍)을 역임하였다.

전희식(全希軾)

오위도총부 부사직(五衛都摠府副司直)을 역임하였다.

전희로(全希輅)

함열현감(咸悅縣監)을 역임하였다.

전희철(全希哲)

1425년(세종 7)~1521년(중종 16). 자는 원명(原明), 호는 휴계(休溪)이다.

아버지는 전예(全禮)로 지인부 록사(知印副錄事)의 벼슬을 했고, 어머니는 상산김씨(商山金氏)이니 부정(副正)을 지낸 김상보(金尙保)의 딸이요, 한성좌윤(漢城左尹)을 지낸 장충익(張忠翊)의 외손이다.

1425년(세종 7) 옥천 시랑리(沃川 侍郎里)에서 태어난 그는 강직한 성품에 재주가 뛰어나고 넓은 도량에 기상이 활달하여 작은 일에 구애됨이 없었다. 일찍 사마양시(司馬兩時: 진사, 생원)에 합격하고 세종 20년간에 무과에 급제한 그는 사포서 별제를 역임하였고, 문종과 단종 때에 어모사직을 지냈다. 특히 문종은 국사를 공정하고 성실하게 처리할 뿐만 아니라 높은 인품까지 겸비한 전희철을 매우 총애하였다. 그래서 벼슬이 상장군에까지 이르게 되었다. 문종(文宗)의 신임이 두터웠으나, 왕위에 오른지 2년에 승하하자, 단종이 열두 살 어린 나이로 즉위하여 3년만에 그 숙부 수양(首陽)에게 왕위를 빼앗기자

(1455), 세조의 왕위 찬탈에 울분을 참지 못하고 비분강개하여 분연히 벼슬을 던지고 나서 뜻을 같이한 정지년(鄭知年)과 더불어 경회루(慶會樓)에서 성삼문(成三問) 등과 울면서 작별하고 고향 옥천에 물러가 문을 닫고 지내니 그 나이 아직 30세였다. 그후 조정에서 여러 차례 벼슬로 불렀으나 병을 칭탁하여 끝내 나가지 않았다.

1457년(세조 3) 가솔을 거느리고 처가인 영남 땅 영천(榮川) 고을에 옮겨와서 휴천(休川)에 은거하여 우분을 달래며 임천(林泉)에 자적(自適)했다. 그리고 생을 마감할 때까지 농사일을 하는 한편 독서와 학문에만 온 힘을 기울였다. 또한 당대의 명사인 김담, 박원효(朴元孝), 김철우(金哲友), 송자윤(宋子淪), 문경동(文敬仝), 이계양(李繼陽) 등과 교유하면서 시를 짓고 춘추를 강명하는 일을 즐거움으로 삼았다. 영주 휴천으로 옮겨온 그는 당대의 명사 김담 등과 교유하면서 시를 짓고 춘추를 강명하는 일을 즐거움 삼아 지냈다. 그의 호인 휴계도 이때 지은 것이다.

그는 휴천에 숨어 살면서 돌을 쌓아 대(坮)를 만들고 밤마다 관대(冠帶)를 갖추고 영월을 향하여 절하며 단종의 평안을 빌었다. 그 해 금성대군이 사사됨과 함께 단종이 시해되니 휴계는 칠성산(七星山)에 올라 영월을 향하여 망배(望拜) 통곡하면서 3년 복을 입었다. 휴계는 자손들에게 화가 끼칠까 염려함에서 그가 지은 시문을 임종에 모두 불살라 버렸다. 그리고 자손들에게 “상왕의 능이 영월 동을지(冬乙旨)에 있으니, 해마다 한 차례씩은 참배해야 하느니라.” 하고 일렀다.

1522년(중종 6) 8월 3일 몰하니 향년 97세였다. 장령(掌令) 박시원(朴時源)이 유사(遺事)를 짓고, 좌의정(左議政) 유후조(柳厚祚), 성재(性齋) 허전(許傳), 참판(參判) 유돈우(柳敦禹)가 행장(行狀)을 지었다. 특히 허전(許傳)은 《휴계유적서(休溪遺蹟序)》에서 "공의 절개는 우리 동방에 빛이 되었다. 높은 방산(方山)이 창공에 닿을 만큼 높기도 하다. 의를 품고 남으로 와서 고결안와고종(高潔安臥考終) 했다. 즉간에 기록되어 백세에 그 유풍을 전한다. 후손들이 어질고 착하여 선조의 뜻을 돈독히 이어받았다."라고 기록하고 있다. 영주의 방산서원(方山書院)과 공주 동학사 숙모전(肅慕殿)에 제향(祭享)되었다. 1818년 후손과 유림에서 그의 충절과 유덕을 기리기 위하여 신도비(神道碑)를 건립했는데 참판 김현(金鉉)이 비문을 찬(撰)했다.

전명형(全命亨)

오위도총부 사과(五衛都摠府司果)를 역임하였다.

전원말(全元末)

오위도총부 사과(五衛都摠府司果)를 역임하였다.

전 현(全 玹)

대구도호부 판관(大邱都護府判官)을 역임하였다.

전 호(全 琥)

1495년~?. 자는 국진(國珍)이다. 내자시 첨정(內資寺僉正)을 역임하였다.

전팽수(全彭壽)

1478년~1538년. 자는 중노(仲老), 호는 송오(松塢)이다. 문과에 등과 후 여러 관직을 거쳐 사섬시 정(司贍寺正)과 춘추관 편수관(春秋館編修官), 숙천부사(肅川府使)를 역임하였다.

전팽령(全彭齡)

1480년~1538년. 자는 숙노(淑老), 호는 송정(松亭)이다.

참판을 지낸 전응경(全應卿)의 아들로 태어났다. 1504년(연산군 10) 사마시에 합격하여 생원이 되고, 1524년(중종 19) 별시문과에 병과로 급제하였다. 이후 형조좌랑, 공조정랑, 사도시 첨정(司導寺僉正), 성균관 사성, 통례원 우통례 등을 역임한 후 외직으로 나가 평안평사, 단천군수, 삼척부사, 밀양부사, 상주목사 등을 지냈다.

1550년(명종 5) 상주목사로 재임했을 때 청렴근실하게 고을을 다스려 청백리의 별칭인 염근(廉謹)에 선발되어 통정대부의 품계에 올랐다. 1559년에 가선대부(嘉善大夫)로 승급하고 부호군에 임명되었다. 상주에 유애비(遺愛碑)가 세워져 있으며, 목담서원(鶩潭書院)에 배향되었다.

전 황(全 煌)

문과에 등과 후 홍문관 수찬(弘文館修撰)을 역임하였다.

전 엽(全 燁)

1505년~1583년. 자는 용회(用晦), 호는 쌍암(雙岩)이다. 공조좌랑(工曹佐郎), 이산현감을 역임했으며, 효행(孝行)으로 정려각(旌閭閣)이 세워져 있다.

전 주(全 宙)

1501년~?. 자는 태허(太虛)이다. 무과에 급제하여 홍원현감을 역임하였다.

전 빈(全 賓)

1528년~1573년. 오위도총부 부호군(五衛都摠府副護軍)을 역임하였다.

전승업(全承業)

1547년~1596년. 자는 효선(孝先), 호는 인봉(仁峰)이며, 중봉(重峰) 조헌(趙憲)의 문인이다. 사재감 첨정(司宰監僉正)을 역임하였다. 동몽교관(童蒙敎官)으로 임진왜란 때 중봉(重峰) 조헌(趙憲)과 함께 옥천에서 1,700여 명의 의병을 일으켜 보은, 청주, 당진, 금산 등지에서 격전했으니, 8월 1일 영규(靈圭)의

승군과 같이 청주성을 수복했다. 이어 왜적이 충청도와 전라도를 빼앗으려 한다는 소식을 듣고 금산으로 향했으나, 충청도순찰사 윤국형(尹國馨)과의 의견대립과 전공을 시기하는 관군의 방해로 의병이 흩어지고 700여 명만이 남게 되었다. 이들을 이끌고 금산으로 가서 8월 18일 왜장 고바야가와(小早川隆景)의 군대와 전투를 벌였으나, 인원과 무기의 열세로 모두 전사했다. 금산의 칠백의총(七百義塚)은 조헌의 제자인 박정량(朴廷亮)과 전승업(全承業)이 금산전투에서 장렬히 싸우다 전사한 시신들을 거두어 만든 것이라 한다.

왜군과의 싸움에서 순절(殉節)하자, 임진왜란 공신으로 책록되었다.

전유담(全有淡)

1541년~1610년. 문과에 등과한 후 여러 관직을 거쳐 정주목사를 역임하였다.

전대형(全大珩)

자는 명보(明甫). 군자감 판관(軍資監判官)을 역임하였다.

전오륜(全五倫)

무과에 급제한 후 파주판관을 역임하였다.

전 관(全 寬)

공산현령(公山縣令)을 역임하였다.

전 식(全 湜)

1563~1642. 자 정원(淨遠), 호 사서(沙西)인데, 사벌국(沙伐國) 서쪽에 산다하여 사서로 호를 삼았다.

증이조판서 전여림(全汝霖)의 아들이며, 1563년(명종 18) 정월 21일 옥천에서 태어났으나 상주로 옮겨 살았다. 유성룡(柳成龍), 장현광(張顯光)의 문인인데, 1589년(선조 22) 사마시에 합격하고, 1592년 임진왜란이 일어나자 진사 강주(姜霔)와 의병을 모아 왜적을 토벌하여 많은 전과를 올렸으며, 김익남(金益南)의 추천으로 연원도 찰방(連原道察訪)이 되었다.

1599년 예빈시 직장(禮賓寺直長)으로 전임되었으나 나가지 않았고, 1603년 식년문과에 병과로 급제하여 1607년 전적, 예조좌랑과 정랑을 거쳐, 1611년 울산판관이 되어 고을 백성들의 교화에 힘썼다. 다음해 전라도도사가 되었으나 광해군의 실정으로 벼슬을 단념하고 정경세(鄭經世), 이준(李埈) 등과 산수를 유람하여 세칭 상사(商社)의 삼로(三老)라 일컬어졌다.

1623년(인조 1) 인조반정으로 새 왕이 즉위하자 예조정랑에 등용되어 기주관(記注官), 지제교(知製敎)를 겸하였고 부수찬, 교리가 되어 경연(經筵)에 참석 평소 갈고 닦은 도의를 강의하였다. 그 뒤 전적 ·장령을 역임하며 언관(言官)으로 임무에 충실하였다. 1624년 이괄(李适)의 난이 일어나자 태복시 정(太

僕寺正)으로 왕을 호종(扈從), 천안에 이르러 집의가 되었으며, 원수 장만(張晩)의 군사 행동이 완만하여 적에게 기회를 얻게 한 죄를 논술하고, 이귀(李貴)의 실책을 탄핵하였다. 이어 병조참의, 병조참지에 승진하였으나 나가지 않고 고향에 돌아갔다. 그뒤 대사간, 부제학에 임명되었으나 모두 사퇴하였다. 1636년 병자호란이 일어나자 의병을 일으켜 적을 방어하였고, 왕이 도성으로 돌아오자 부제학에 임명되었다. 그뒤 예조참의와 예조참판에 제수되었고 가선대부(嘉善大夫)에 승계(陞階)하였으나 이를 사양하였다.

1638년 대사간, 대사헌을 거쳐 예조참판, 대사성이 되었다. 왕이 순검사에 명하여 하삼도의 수군을 정비하게 하였으나 적절한 시책이 아님을 들어 이를 반대하였다. 1639년(인조 17년)에는 명나라 사절로 중국에 가게 되었는데 당시 세력이 강해지고 있던 청나라가 요동지역을 차지하고 있어서 갈수가 없게 되자 황해 바다로 명에 이르렀으니 이때 출발하여서 이듬해에 선사포(宣沙浦)에 돌아올 때까지 바닷길로의 중국행을 사행록(槎行錄)에 날짜별로 도중의 경로와 만난 사람들, 날씨 등을 상세히 기록하였다. 돌아오는 길에 폭풍을 만나 함께 떠났던 배 4척 중 2척이 실종된 일과 날마다 지은 시의 제목을 소주로 달아 놓았다.

관직 생활의 40여년과 중국 역사에도 기록될 정도의 행동이 깊은 학식이 아니었으면 불가능 했을 것이며, 명나라에서 그의 후덕한 재상임을 칭찬하고 태사관(太史官)이 역사에 기록하였다. 1642년 왕도 덕망을 칭찬하고 본받을 바 있다고 하여 자헌

(資憲)에 가계(加階)되고 지중추부사 겸 동지경연춘추관사(知中樞府事兼同知經筵春秋館事)에 임명되었다. 그 뒤 재차 대사헌에 임명되었으나 취임하지 않았다. 세상을 떠나자 임금이 애도하여 후히 장사지낼 것을 명하고, 좌의정에 추증되었다. 상주 백옥동서원(白玉洞書院)에 제향되었으며, 시호는 충간(忠簡)이다. 저서로 《사서집(沙西集)》이 있다.

전익희(全益禧)

1598년~1659년. 자는 자수(子浚), 호는 망일당(望日堂) 또는 설월당(雪月堂). 이다. 봉사(奉事) 전뢰(全磊)의 아들이며, 정경세(鄭經世)에게 학문을 배웠다. 1624년(인조 2) 식년문과에 병과로 급제하고, 정자(正字)를 거쳐, 박사, 전적, 형조와 예조의 좌랑, 형조정랑, 전라도사, 성균관 직강, 예조정랑, 강진현감 병조좌랑 사헌부 지평 사간원 정언 등을 지냈다. 정언으로 있을 때 인조반정의 1등공신 김자점(金自點)의 죄를 들어 탄핵하였다가 북변의 외직으로 좌천되었다. 1641년(인조 19) 지평을 거쳐 이듬해 정언에 제수되었다. 이후 봉산군수, 충청도사 등을 거쳐 1658년(효종 9) 선산부사로 부임하였다. 그는 지방에 부임한 곳마다 공덕비가 세워졌는데, 특히 선산부사로 있을 때 백성의 부역(負役)과 조세(租稅)를 경감시키고 정사를 올바로 펼쳐 청덕비(淸德碑)가 세워져 아직도 경상북도 구미시 고아읍에 남아 있다.

서예에도 뛰어났으며, 저서로 《설월당문집(雪月堂文集)》과 유고(遺稿)가 전한다. 경북 영주의 방산서원(方山書院)에 배향되었다.

전 룡(全 龍)

정주목사를 역임하였다.

전극경(全克慶)

1577년~1657년. 오위도총부 부호군(五衛都摠府副護軍)을 역임하였다.

전충립(全忠立)

1582년~1654년. 자는 행우(行佑)이다. 의금부 도사(義禁府都事)를 역임하였다.

전극태(全克泰)

1640년~1696년. 자는 형숙(亨叔), 호는 퇴헌(退軒)이다. 의금부 도사(義禁府都事)와 삼가현감(三嘉縣監), 의성현령(義城縣令)을 역임하였다.

전극항(全克恒)

자는 덕고(德古) 또는 덕구(德久)이며, 호는 규천(虯川)이다. 전식(全湜)의 첫째 아들로 1590년(선조 23) 상주에서 태어났다. 정경세(鄭經世)와 이준(李埈)을 사사(師事)하였는데, 나이

서너 살에 글을 지었으며, 12살 때에 자고사(鷓鴣辭)를 지어 좋은 평판을 얻었다.

1612년(광해군 4) 진사시에 합격하고, 1624년(인조 2) 정시 문과에 병과로 급제, 대교(待敎)를 거쳐 예문관 검열을 역임하였다. 1636년 병자호란 때에는 예조정랑으로 인조를 따라 남한산성에 호종하던 중 인조의 명에 따라 다시 한양으로 되돌아가 성을 지키다가 1636년(인조 14) 전사하였다.

특히 시에 뛰어났고, 박람강기(博覽强記)하여 선진들로부터 찬탄을 받았다. 도승지에 추증되고, 1778년(정조 2) 정려되었다. 저서로 《규천집(虯川集)》 3권 1책이 전한다.

만의화기습(滿衣花氣襲)

꽃향기 가득하여 옷깃에 스며들고
계수나무 그늘에 학이 깃 드는구나.
옥절구 광한루에 드니 신선이 보이고
주렴을 걷으니 어둡던 달빛 환하구나.
화사한 미녀는 날렵하게 춤을 추고
요술의 나공은 지팡이를 던져 나는구나.
이 누대를 처음 경영한 날을 묻지 마라
만물의 신묘한 기원이 윤회한 때이려니

전극념(全克恬)

1597년~1660년. 자는 유안(幼安)이며, 호는 창주(滄洲), 또는 어은(漁隱)이다. 전식(全湜)의 둘째 아들이다.

1633년(인조 11) 진사에 합격하고, 1637년 경행으로 사산감역관(四山監役官)이 되었으나 벼슬의 뜻을 버리고 은거하여 학문에 몰두하며 후진 교육으로 일생을 마쳤다. 저서로《창주선생문집(滄州先生文集)》2권 2책이 있다.

전재관(全在寬)

1620년~1692년. 자는 유필(裕弼)이다. 오위도총부 부호군(五衛都摠府副護軍)을 역임하였다.

전 욱(全 煜)

자는 중회(中晦)이다. 이천 도호부사(都護府使)를 역임하였다.

전명량(全命亮)

1640년~1668년. 자는 자룡(子龍)이다. 오위도총부 호군(五衛都摠府護軍)을 역임하였다.

전명룡(全命龍)

1606년~1667년. 자는 백유(伯兪), 호는 영서(潁西)이다. 아버지는 전대승(全大承)이며, 어머니는 함양박씨(咸陽朴氏)로 부호군 운(雲)의 딸이다. 유년시절에 작은아버지인 전중승(全仲承)으로부터 배웠다.

1623년(인조 1) 증광문과에 급제하였고, 1627년 식년문과에 병과로 급제하여 1630년 성균관 학정 겸 봉상시 봉사에 제수되었다. 2년 후 성균관 박사 겸 양현고 직장 및 성균관 전적, 형조좌랑 등을 역임하였으며, 1633년 예조좌랑으로 춘추관에 재직하면서 소신있는 포부를 펼칠 수 없는 상황에 부닥쳐 사직을 청원하여 흥덕현감에 제수되었다. 이때 청렴결백한 태도와 위민정책(爲民政策)을 실시하여 주민들이 송덕비를 세워 그의 선치를 찬양하였다. 어사 심동구(沈東龜)가 그의 치적을 조정에 보고하여 임금으로부터 의복 한 벌을 하사받았다. 1640년 벼슬을 그만두고 고향에서 지내다가 1643년 경성판관으로 임명되어 낙후된 교육을 일신시켰다. 1647년 평양서윤, 1650년(효종 1) 흥양현감, 1654년 자인현감, 1659년 풍기군수·, 영암군수 등을 두루 역임하였는데, 영암에 재직하면서 흉년이 들자 부족한 진곡(賑穀)을 대동미(大同米)로 변통하여 구제대책을 강구하였으나 어사의 탄핵을 받고 파직당하였다. 그 뒤 1662년(현종 3) 울산부사에 제수되었으며, 1665년 영해부사로 재임 중 어머니의 상을 당하였을 때 접수된 부의금을 관비에 충당시키기도 하였다.

만년에 대사헌, 대사간 등에 부름을 받았으나 부임하지 않았으며, 일생동안 검소한 생활철학을 굳게 지켜, 그가 죽었을 때에는 장례를 치를 살림마저 남아 있지 않았으므로 친우들의 도움으로 치렀다.

저서로는 《영서집》 4권 2책이 있다.

전명기(全命夔)

1617년~1676년. 자는 계유(季兪)이다. 의금부 도사(義禁府都事)를 역임하였다.

전명원(全命元)

1627년~1713년. 자는 군거(君擧). 호는 죽림(竹林)이다. 오위도총부 부호군(五衛都摠府副護軍)을 역임하였다.

전종옥(全宗沃)

1656년~1745년. 자는 조백(朝伯)이다. 오위도총부 호군(五衛都摠府護軍)을 역임하였다.

전상순(全相舜)

오위도총부 부호군(五衛都摠府副護軍)을 역임하였다.

전명환(全明煥)

1860년~1907년. 자는 윤문(允聞)이다. 오위도총부 부호군(五衛都摠府副護軍)을 역임하였다.

참고문헌(参考文獻)

『삼국사기』(三國史記)
『삼국유사』(三國遺事)
『고려사』(高麗史)
『고려사절요』(高麗史節要)
『조선왕조실록』(朝鮮王朝實錄)
『고려공신전』(高麗功臣傳)
『국조인물고』(國朝人物考)
『국조방목』(國朝榜目)
『동국여지승람』(東國輿地勝覽)
『고려명신록』(高麗名臣錄)
『독립운동사』(獨立運動史)
『각성씨세보』(各姓氏世譜)
『성씨의고향』(姓氏의故鄕)
『한민족대성보』(韓民族大姓譜)
『한국문화유적총람』(韓國文化遺跡總攬)
『대동방씨족원류사』(大東方氏族源流史)
『한국의전통예절』(韓國의傳統禮節)
『한국성씨총감』(韓國姓氏總鑑)
『한국인명대사전』(韓國人名大辭典)
『성씨대보총람』(姓氏大譜總覽)

자랑스런 전(全)씨 이야기 上

2014 年 10 月 15 日 인쇄
2014 年 9 月 25 日 발행
편 저 : 성씨이야기편찬실
발 행 : 올린피플스토리

출판등록 : 제 25100 - 2007 - 000017 호
주 소 : 서울특별시 강동구 구천면로 18길 23호
홈페이지 : http://www.ollinpeople.co.kr
전 화 : 070) 4110 - 5959
팩 스 : 02) 476 - 8739
세 트 가 : ₩ 39,600 (₩ 19,800)

I S B N : 979-11-5755-073-9
I S B N : 979-11-5755-072-2 (세트)